COLECCIÓN SALUD Y BELLEZA

10 el maquillaje perfecto
Aromaterapia para amantes
Aromaterapia familiar
Artritis
Asma
Arrugas jamás
Campeones del fisicoconstructivismo, los
Cúrate a ti misma
Cúrese a través de la sensualidad
Dietas para adolescentes
Estética en casa
Herbolaria casera
Herbolaria mexicana
Meditar para rejuvenecer
Migraña
Poder curativo de la soya, el
Poder curativo de los jugos, el
Poder curativo del ajo, el
Poder curativo del ginseng, el
Poder curativo del nopal, el
Rejuvenezca 10 años en 10 días
Síndrome premenstrual
Terapias curativas con las manos
Tés curativos mexicanos
Tratamientos faciales naturistas
Voluntad de adelgazar

COLECCIONES

Colección Ejecutiva
Colección Superación Personal
Colección New Age
Colección Salud y Belleza
Colección Familia
Colección Literatura Infantil y Juvenil
Colección Juegos y Acertijos
Colección Manualidades
Colección Cultural
Colección Espiritual
Colección Humorismo
Colección Aura
Colección Cocina
Colección Compendios de bolsillo
Colección Tecniciencia
Colección con los pelos de punta
Colección VISUAL
Colección Arkano
Colección Extassy

Guillermo Murray Prisant

El poder curativo de la papaya

SELECTOR

actualidad editorial

Doctor Erazo 120   **Tels. 588 72 72**
Colonia Doctores   **Fax: 761 57 16**
México 06720, D.F.

EL PODER CURATIVO DE LA PAPAYA

Fotografía de portada: Antonio Ruano
Ilustración de interiores: Nora Reyes

Copyright © 1998, Selector S.A. de C.V.
Derechos de edición reservados para el mundo

ISBN: 970-643-125-X

Primera edición: Agosto de 1998

Contenido

Introducción 7

Capítulo primero 15
El hombre y las plantas

Capítulo segundo 27
La historia de la fruta bomba

Capítulo tercero 55
¿Qué es la papaya?

Capítulo cuarto 83
Papaína y quimiopapaína: bisturí biológico

Capítulo quinto 95
La papaya fruto milagroso

Capítulo sexto 123
Papaya y salud

Capítulo séptimo 129
Recetario de la papaya

Introducción

¿Tiene usted un papayo en el patio o en el jardín de su casa?

Si es así, tiene muchos y sobrados motivos para alegrarse. Tal vez no lo sepa, pero las papayas, las semillas de la papaya e incluso las hojas del papayo poseen grandes virtudes medicinales.

Sus múltiples usos ya eran conocidos en las regiones tropicales de América desde los tiempos prehispánicos. Durante siglos, se conoció empíricamente el PODER CURATIVO DE LA PAPAYA, pero en nuestros días con el resurgir de la fitoterapia y de la medicina preventiva, los científicos nos muestran, y con claridad, por qué este fruto, nutritivo y delicioso, presenta tantos poderes curativos.

En este libro hablaré acerca de la historia, mitos y leyendas sobre el arbolito de la papaya, un arbusto en realidad, que es originario de América Central.

Veremos sus usos medicinales y cosméticos.

Y aprenderá el lector a preparar nuevas recetas cuyo principal ingrediente es la papaya.

Es decir, una guía práctica para su salud.

Si usted quiere vivir más y mejor, lea este libro.

¿A quién se dirige este libro?

Si bien se han publicado varias obras de gran exten-
sión sobre el tema de la papaya y sus maravillosas
enzimas, la papaína y la quimiopapaína, en general
estas publicaciones no se encuentran al alcance del
extenso público lector. O bien son obras demasiado
técnicas o son sumamente caras.

Por otra parte, se han editado y se editan numerosos panfletos, folletos y artículos en periódicos y revis-
tas, pero gran parte de esos son altamente reservados
por su terminología, y por consiguiente, como en el
caso anterior de difícil lectura para el público no espe-
cializado. O, por el contrario, carecen de todo fundamento científico, pues se trata de ofertas, a modo de
panaceas, es decir, de remedios milagrosos, que lejos
de informar, confunden, y cuya intención es vender los
productos del fabricante que, a veces, ni siquiera contienen papaya o sus enzimas, sino que se trata de químicos de dudosa procedencia.

Ya sea un científico o un lector profano casual atraí-
do por el tema de la papaya, debo decirle, estimado
amigo, que he ideado este libro con el fin de que sea
atractivo tanto para el profano en la materia, como
para el científico y horticultor profesionales. Me he
basado tanto en estudios previos que citaré en su oportunidad, como en las reflexiones de quienes están en
contacto diario con este fruto. A lo que debo añadir,
mis propias experiencias personales sobre el tema, pues
curarme por medio de plantas, flores y frutos, e infor-

marme acerca de estos temas, es una pasión con más de 15 años y que cada día va en aumento.

Por todo ello, puedo asegurar al lector, especialista o no, que no en balde se ha llamado a la papaya, el fruto de la salud.

¿De qué manera se abordan los temas?

Lo primero que tenemos que comprender es la geografía de la papaya.

La papaya habita una zona limitada por veinte grados de latitud Norte y veinte grados de latitud Sur, más o menos alrededor de todo el mundo, que es la región de los Trópicos.

Debido a que este fruto es de origen americano, actualmente los principales países productores son México, las naciones de Centroamérica y el Caribe. Aunque la mayor parte de los países de Sudamérica con excepción de Chile y el sur de Argentina, también son naciones productoras de papaya, sin olvidar las costas californianas y parte de Texas en los Estados Unidos. Esto, en cuanto a las Indias Occidentales o América, se refiere.

Porque si bien es oriunda de México, la papaya se ha adaptado perfectamente a las regiones asiáticas. Por eso, las islas de los Mares del Sur, Filipinas, el territorio de las islas Marianas, Guam y Ponape, Indochina, Birmania, Ceilán y las islas de las Indias Orientales, hoy producen papaya.

En tanto que en África, Tanzania, la antigua región del Congo y Uganda, también son productoras de papayas.

Esto quiere decir que, con excepción de América del Norte, Europa y el norte de Asia, el resto del mundo puede producir y por tanto consumir papayas a bajo precio. En tanto que con la ayuda de invernaderos es, o será posible en un futuro inmediato, obtener frutos de buena o mediana calidad en los climas más templados. Por lo que en verdad no existen limitaciones para que el consumo de este fruto prodigioso aumente cada día más.

En cuanto hemos comprendido su distribución en el planeta, veamos ahora, muy brevemente, la introducción a su historia.

Los primeros registros escritos indican que la papaya fue descubierta por los europeos en el año de 1519, en la parte sur del estado de Tabasco, cerca de Yucatán, durante la campaña de Hernán Cortés para conquistar el sur de México.

Los años siguientes a la Conquista, a medida que se extendía la influencia española, la siembra de la papaya llegó hasta la costa occidental de México. Desde donde, más adelante, fue transportada por los galeones hasta las Filipinas y a otros puntos lejanos del Occidente.

En forma paralela, los piratas del Caribe llevaron las papayas hacia África y Europa, por lo que los cultivos de papaya o papayares vieron su avance sobre dos frentes. Uno oriental y el otro occidental, lo que condujo a que se obtuvieran especies o variedades nuevas, diferentes una de otras por su ubicación geográfica, suelos, climas y mutaciones.

Por tanto, primero examinaremos la región en donde fue descubierta, y de allí habremos de seguir su migración a otras partes del mundo tropical. Esto es lo que veremos en el primer capítulo. En el cual comenzaremos con algunas tradiciones y costumbres, leyendas y mitos en relación con este fruto prodigioso. Yucatán será el punto de partida, aunque incluiré datos significativos de otras partes del mundo.

En función de esto, dedicaré un breve capítulo al cultivo, cosecha y producción de los productos derivados de la papaya. Esto será de vital importancia para quienes decidan emprender estudios más profundos sobre el tema. Y ayudará a muchas familias a mejorar su economía familiar. Incluso quien únicamente tenga un papayo en su jardín o quien viva en una región donde se encuentren estos frutos a bajo precio, encontrará útiles estas palabras, pues le permitirá sacar un mayor provecho a esta fruta y al arbolito donde crece.

Luego entraremos en un capítulo acerca de las gomorresinas que el arbusto de la papaya produce, cuyo nombre popular es látex. Veremos de qué se trata el látex, qué son las enzimas y cuáles son las que la papaya contiene.

La obtención y elaboración del látex casero, con el que pueden confeccionarse de modo hogareño remedios y productos de limpieza y embellecimiento, ayudarán al lector a vivir mejor.

Por lo anterior, necesariamente se abordará el tema de la quimiopapaína y papaína, pues en investigaciones médicas sobre estas enzimas de la papaya, realizadas en el Instituto Mexicano del Seguro Social y por otros países interesados en el tema —que en su oportunidad citaré adecuadamente—, se han hecho descubrimientos asombrosos acerca del llamado bisturí biológico o bisturí natural, pues las enzimas de la papaya atacan al tejido muerto sin afectar al viviente. Seguramente usted quedará tan sorprendido como yo lo estuve, cuando comencé a experimentar con la papaya.

Deteniéndonos en las enzimas que estas resinas o látex natural presenta en su composición y que, como veremos, son útiles en tratamientos médicos, estudiaremos el valor de las hojas y de la savia para preparar medicamentos.

En este sentido, habrá que hacer especial mención de los productos de belleza que emplean las enzimas de papaya en su composición, pues asombra cuánto podemos obtener de la papaya a tan bajo precio. Papaya y belleza, mascarillas, champús, cremas y otros productos para el cuidado de la piel, será el capítulo que vendrá a continuación, donde se dan recetas para elaborarlos en forma casera.

Y, finalmente, trataré sobre los valores nutritivos de la papaya. Donde el lector habrá de hallar un recetario de entradas, jugos, comidas y postres en los cuales el ingrediente principal es la papaya.

Mientras más observo, estudio y experimento con este fruto, más ampliamente puedo recomendar su uso como algo obligado en la búsqueda de una buena salud.

CAPÍTULO PRIMERO

El hombre y las plantas

Hierbas que curan, hierbas que matan

Desde el principio de los tiempos el ser humano ha aprendido de la naturaleza. A las plantas, seres inmóviles pero vivos, con ciclos de flores y de frutos, el hombre las aprendió tanto a dominar como a temer, porque si bien, hay plantas que al ser domesticadas se transformaron en la principal fuente de alimento, no sólo del hombre, sino también de sus animales de corral y ganado doméstico (los cereales, por ejemplo), hubo otras plantas, en cambio, que fueron empleadas como terribles alucinógenos, venenos mortales, somníferos, vomitivos o elíxires.

Si bien el trigo en Europa, el arroz en Asia y el maíz y el amaranto en América fueron los principales granos y semillas empleados en la alimentación diaria, hubo a su vez las llamadas "plantas de los dioses" que, en cambio, poseían poderes. Plantas que podían curar, plantas que podían matar.

Surge así el aspecto mágico de la relación persona-planta: el ser humano domina a las plantas, pero depende de ellas para comer, vestirse y curarse. Y gracias al contacto próximo con ellas, a su disfrute y a su sufrimiento, aprendimos sus poderes curativos.

Lo hicimos por ensayo y error. Esto quiere decir que fue un proceso muy lento, en el que hubo más pruebas que aciertos, pero al final hemos ido encontrando verdades medicinales irrefutables. Las plantas curan, eso hoy ya todos lo sabemos. Pero las plantas, mal empleadas, matan.

Y aunque hayan pasado más de cien mil años desde que se iniciara esta experimentación, la cual se hizo muchas veces observando a los animales cuando estos enfermaban y buscaban plantas para tratarse a sí mismos; o, estudiando los usos de otros pueblos; o, como fue y sigue siendo la mayor parte de las veces, cuando al realizar pruebas en nosotros mismos, comprobamos sus efectos; todavía estamos aún muy lejos de comprender las virtudes de este jardín que Dios nos dio.

Sin embargo, con el paso del tiempo y con el avance del saber y la técnica, de los conocimientos y de las industrias, el hombre manipula más y mejor las plantas, detallando sus características y sus virtudes, las formas de su uso y de su aplicación. Es decir, al avance del conocimiento médico de las enfermedades, se unió el avance de los remedios. Y esto trajo consigo un estado actual en el que la fitoterapia, es decir, curarse con plantas, adquiere un valor científico y un lugar de importancia en los países del llamado Tercer Mundo, como México.

Las plantas siguen siendo la fuente principal de medicinas. A pesar de que la química ha avanzado a pasos gigantescos en los últimos cincuenta años y que la farmacia cambió en forma sustancial, la mayor parte de los productos farmacéuticos contemporáneos aún se derivan de una u otra manera de los vegetales.

Y esto me ha hecho reflexionar.

Somos muchos los que pensamos que las plantas pueden ayudarnos a prevenir dolencias e, incluso en algunos casos, a curarlas, sin la necesidad de esperar a que el problema mayor se presente. Es decir, que al llevar una vida más saludable, más cercana a la naturaleza, una dieta diaria basada en los vegetales, fuente de vida, fuente de salud y, a la vez, abandonar hábitos nocivos, como fumar, beber o llevar una vida sedentaria, es en verdad el camino a seguir para vivir más y mejor. Y no, como algunos pretenden, que la paulatina sofisticación de la alopatía, la cirugía y las drogas nos ayudarán a este propósito.

Pero, ¿de dónde obtener los conocimientos? Es decir, ¿de dónde nutrirme con este saber milenario, postergado casi al olvido por una cultura que se sintió superior a las demás, soñando que los progresos técnicos y científicos por sí mismos traerían consigo el fin de todos los males?

La respuesta no es simple.

En ocasiones, he ido a experimentar la acción de algunas plantas, empleadas por los hierberos tradicionales. Pero la mayor parte de las veces, recurrí a estudios previos, realizados por científicos especializados, quienes documentan sus trabajos de investigación, siendo entonces mi labor la de un recopilador de datos, para divulgarlos.

La experiencia de la vida misma se transformó en las comunidades en experimentación positiva, es decir en el análisis de los componentes, en la química. Creo que todo naturista serio sabrá que si tiene razón en sus propuestas, estas mismas deberán basarse o fundamentarse en la experiencia científica. No en la magia o en la creencia, sino en el laboratorio. Por eso, al lado de los conocimientos etnobotánicos tradicionales, he procurado dar información relevante sobre las ponencias de las ciencias de mayor actualidad.

Una vez demostrado el saber tradicional, estará en manos de la gente, en manos del propio lector de este libro, continuar con prácticas alimenticias o rutinas de vida que les conducirán a una muerte prematura o a enfermedades que hubieran podido evitarse o, por el contrario, iniciar una vida más saludable, basándose en los saberes milenarios, los cuales se apoyan hoy en la investigación científica.

La actitud básica de estos tiempos es haber dejado atrás la magia y el misterio de la herbolaria, donde se clasificaba de hierberos, en forma despectiva, a quienes trataban los males humanos con remedios que se asemejaban a pócimas y elíxires medievales, carentes de todo fundamento científico. Y avanzar, en cambio, hacia una práctica transparente, basada en la experimentación y en las pruebas del laboratorio. Más que un divorcio, existe reconciliación.

Este libro acerca de la papaya y sus usos, pretende ser entonces una contribución en ese sentido. Orientar sobre el uso de las plantas ya no es una práctica de hierberos ocultistas, sino en la trasmisión de una sabiduría que la historia nos lega, compendiada en la tradición y en la investigación.

Las plantas no han perdido su valor. Está en manos del lector aprender a valorarlas, cuidarlas, usarlas y beneficiarse de ellas.

La fitoterapia

En México, como en otros países, son muchos los que se curan —cada día más— con hierbas, porque son remedios antiquísimos que han gozado y aún gozan de gran prestigio.

Todas las plantas sirven para algo.

Pero lo difícil es saber para qué sirven.

Por ejemplo, desde tiempos prehispánicos se han empleado a los nopalitos o pencas tiernas de nopal para ayudar a remediar trastornos digestivos, y han sido útiles. Pero nadie podía decir a ciencia cierta la razón. Incluso se sospechaba que ayudaban en el con-

trol del azúcar en la sangre, pero se carecía de fundamento científico para demostrarlo. En mi libro *El poder curativo del nopal*, en este mismo sello editorial,
brindo al lector una amplia documentación al respecto.

El paso de los siglos ha llevado a constituir las familias de plantas sobre sólidas bases de parentesco y
homogeneidad. Se ha logrado describir características que no fallan, indicadoras de afinidades incontro-
vertibles. A esta rama de la ciencia se la conoce como
taxonomía.

Al concederse la importancia que merece el estudio concerniente a la geografía de las especies y
al estudio de las circunstancias del lugar en que se
crían, se han consolidado tanto la ecología como la
evolución, ciencias que están en pleno crecimiento.

Ya armados con este instrumental, los científicos
han podido comprender tanto la etnobotánica, es decir, los usos que cada pueblo le da a cada una de las
plantas que viven en su entorno. Como, a su vez, la
farmacia, donde la química contemporánea juega un
papel relevante.

Para volver al ejemplo de los nopales, ahora podemos identificarlos como familias y especies específicas. Comprender los benéficos efectos de estas plantas
al ser sembradas en zonas áridas o semidesérticas. Y, a
través de los saberes populares, aunados a la investigación de los laboratorios, comprender por qué los
nopales juegan un papel de importancia en la dieta
del mexicano.

¿Por qué nos sanan las plantas?

La pregunta también podría formularse de esta manera: ¿Qué sustancias elaboran y almacenan en sus órganos? ¿En cuáles más, en cuáles menos? Y, ¿cuáles son los efectos de estas sustancias en nuestro organismo?

De hecho, la vida depende en su totalidad del proceso de fotosíntesis. Del laboratorio vegetal natural, donde se elaboran los azúcares, lípidos, proteínas y vitaminas que los animales toman de ellas y que llegan al hombre en la cadena alimenticia.

Muchos de los conocimientos milenarios son hoy retomados por los hombres y mujeres de ciencia, revalorizados, estudiadas las propiedades químicas y entonces, comprendidos y difundidos para el amplio público; así, todos nos beneficiamos.

Las mujeres están jugando un papel especialmente importante en estos tiempos.

Muchas recuerdan a sus abuelas guardando en la alacena cantidad de plantas y hierbas, plantas medicinales con las indicaciones necesarias de su recolección y la forma de la conservación, así como estuvieron presentes y fueron testigos en carne propia de la preparación y administración de estos remedios caseros. Hoy ellas, con un conocimiento más preciso, pueden ayudar a su familia a vivir más y mejor.

Si bien es cierto que automedicarse implica un alto riesgo, la mujer precavida tendrá sus medicinas y remedios para las dolencias más corrientes y casi cotidianas de ella, de su esposo y de sus hijos. No le será necesario recurrir inmediatamente al médico o comprar toda la botica ante el menor dolor de uno de los suyos. Los remedios corrientes para los males de cada día, como son: tos, cólicos, jaqueca, lombrices, diarrea, cefalalgias u oftalmias, fiebres ligeras, luxaciones, rasguños y otros accidentes análogos que por livianas causas ocurren de continuo, bien pueden ser remediados en forma casera, sin que sea un verdadero peligro.

Y, además, tal y como nos lo dice el proverbio o dicho popular: "más vale prevenir que lamentar", lo importante es curarse en salud, no esperar que se desarrolle la enfermedad.

El papel de la mujer es fundamental en los cambios en la dieta diaria familiar, abundante en frutas y verdura, pobre en grasas, en azúcares y en proteínas de origen animal, la que dará como resultado vivir más y mejor.

Hoy y mañana, las prudentes amas de casa provistas de algún recetario o libro de cocina fácil sabrán acondicionar el régimen dietético familiar para que todos los suyos gocen de buena salud. Y, por eso, uno de los propósitos de esta colección, es darles las herramientas para su saber más amplio y basado en la experiencia real.

Los verdaderos amantes de la fitoterapia, esto es, de curar o de curarse con hierbas, saben que el mejor remedio es prevenir la enfermedad. Y para ello, hay que cambiar los malos hábitos.

El uso de las plantas medicinales como remedio, supone un cambio de criterio fundamental. No esperaremos al mal. Curémonos en salud, para detenerlo, para prevenirlo.

Sabemos que las mayores causas de muerte en nuestro tiempo se deben al cáncer, a infartos y otras enfermedades cardiovasculares, a problemas de salud derivados del alcohol, las drogas y, especialmente entre estas, al tabaquismo.

En síntesis, la mayor parte de estos padecimientos se deben a una dieta rica en azúcar, grasas animales, harinas refinadas y pobre en fibras, vitaminas y minerales. Además de hábitos malsanos como fumar, beber en demasía y no realizar deportes.

Las plantas contienen las sustancias sanativas en su seno. Pero poco efecto podrán tener si nuestros hábitos no cambian.

El descubrimiento de la papaya, el fruto de la salud

Somos muchos los que recordamos habernos levantado una mañana luego de una noche en la que abundó el comer y el beber, completamente inapetentes, con dolor de cabeza, y con problemas estomacales.

Y que una nana, una sirvienta, la abuela o la mamá nos ofreciera una tajada de papaya o, quizá, un agua de papaya en el que se dejó algunas semillas y algo de cáscara verde, para sentir al rato un santo remedio.

¡Qué maravilla!

Pero, ¿cómo había ocurrido?

Hasta hace una hora estábamos enfermos del estómago y no queríamos comer nada. Ahora el malestar ha pasado.

Un trozo de papaya madura es muy buen remedio para la indigestión, suele escucharse en México y en otros países donde se la cultiva. Pero, ¿por qué?

Siempre habíamos pasado por alto o ignorado esa pretensión, como si solamente se tratara de un mito de indios o de salvajes nativos de países tropicales tercermundistas. Aunque experimentáramos en la vida diaria los efectos benéficos del comer papaya en ayunas, muy pocos de todos nosotros nos preguntábamos la razón de esta eficiencia terapéutica.

Son muchos los ejemplos de personas que relatan la misma experiencia. Mientras comían el fruto dorado, regalo de los dioses para los hombres que tienen su estómago enfermo, el dolor desapareció, y es notable lo rápido del efecto de comer papaya para malestares gástricos.

En su libro, *La papaya, fruto de la salud*, Chester French, uno de los más prestigiados investigadores del tema, narra sus propias experiencias.

Cuenta que tras comer plátanos madurados en la penca y todavía calientes por el sol, lo cual suele ser muy malo para el estómago a pesar de tener un sabor delicioso, comenzó a padecer un grave caso de indigestión. El único remedio que se pudo encontrar en la zona fue un trozo de papaya. Santo remedio. Y descubrió que al acompañar semejante comida con trozos de papaya o si es que el malestar se anuncia luego de una panzada de plátanos salvajes, y se come de inmediato este fruto prodigioso, tendremos tanto la prevención como el remedio a un fuerte cólico estomacal.

El hecho de experimentar alivio en un lapso breve, convencerá a muchos de las maravillosas virtudes de la papaya. Es más, habrá quienes dejen los antiácidos masticados, chupados o bebidos por comer un trozo de papaya madura o por beber un agua de papaya como alivio mucho más eficaz. O hasta quienes adopten como desayuno definitivo a este fruto.

Pero así como le ocurrió a Chester French, cuando dicha experiencia iba a cambiarle la vida y se dedicó al estudio de la papaya, de sus enzimas y de sus poderes curativos, algo similar va a sucedernos.

A medida que comprendamos las razones científicas que nos explican por qué la papaya es un gran digestivo, podremos deducir otras aplicaciones, y, como veremos, muchas de ellas hoy tienen resultados sorprendentes.

Países principales productores
de papaya (actualmente)

Fruto de origen americano

CAPÍTULO SEGUNDO

La historia de la fruta bomba

Mastuerzo de Indias

Las investigaciones históricas más concienzudas aseguran que Hernán Cortés fue quien primero escribió acerca de la papaya en una de las Cartas de Relación o anales de la conquista de México.

Procedente de lo que ahora es la ciudad de México, tras haber vencido a los aztecas, Cortés se dirige a Veracruz, para de allí emprender la expedición hacia el sur del país, a fin de atacar a los mayas, que gobernaban en esa parte de México y completar el proceso de dominio y conquista.

Se cuenta que en lo que hoy es la ciudad de Frontera, en los estados de Yucatán y Campeche, al desembarcar, montado en su caballo blanco, fue agasajado por los mayas.

Los mayas le dieron la bienvenida, creyendo que su llegada era el cumplimiento de una antigua leyenda que afirmaba que algún día se presentaría ante ellos un dios blanco montado en un animal que nunca antes habían visto. Quizá un emisario de Quetzalcóatl o el dios mismo, al que ellos llamaban Kukulkán. De manera que en vez de ofrecer resistencia, le dieron la bienvenida. Creían que era un dios, o su representante directo.

El relato del obispo Jiménez, que acompañaba a Cortés, habla de un festín ofrecido por los jefes mayas en el que les sirvieron una gran variedad de alimentos. Los soldados españoles comieron tanto que enfermaron de indigestión.

Dice: "Al desembarcar de nuestras pequeñas embarcaciones, fuimos recibidos en la playa por los jefes de las tribus mayas, quienes aparentemente se quedaron muy impresionados ante el pensamiento de la divinidad del europeo de cabello rojizo, ojos azules y tez clara, y agasajaron a todo el grupo con incontables platillos de la cocina nativa, hasta que nuestros soldados enfermaron por el exceso de comida. Cuando los jefes vieron esto, llamaron a sus servidores, ordenándoles que trajeran lo que parecía un melón de una pulpa dorada y cáscara suave y tersa, tan grande como la cabeza de un hombre, y procedieron a comerlo, instándonos a hacer lo mismo. En cuestión de minutos, todos nuestros problemas gastronómicos desaparecieron como si apenas hubiéramos comido".

Los mayas les ofrecieron algunas rebanadas de un fruto dorado, instando a los soldados españoles a que lo comieran y declarando que eso acabaría con su dolor de estómago.

El cronista relata que sus efectos fueron casi inmediatos, y se sintieron tan sorprendidos, que expresaron el deseo de conocer los árboles que daban tales frutos.

Entonces los mayas los condujeron hacia la jungla, en donde les mostraron esta planta maravillosa. El obispo relata que esos frutos crecían del tallo principal de la planta, brotando de las floraciones en lo más alto.

Como casi todo lo que encontraron en América, la papaya inquietó a los europeos. Cristóbal Colón escribió en su diario que había visto árboles con pechos como de mujer, refiriéndose a los frutos de la papaya.

Los españoles llamaron a las papayas "higos de mastuerzo", debido a que encontraron en sus semillas el sabor picante del mastuerzo europeo.

Este es un dato de cierta importancia, pues nos indica que no se la llamó *papaya* en su origen, sino que fue un nombre que adquirió esta planta mucho tiempo después, quizá cuando ya su cultivo se había extendido por todo el mundo.

En la actualidad, en Cuba y en otros países caribeños le dicen fruta bomba; en México tiene distintos nombres: papayero, melón chapote y melón zapote.

Pero, por lo general, se le conoce como papaya.

Las diferencias las marcan sus variedades, pues existen papayas de frutos más amarillos y otras cuyo color es anaranjado o rojo.

Más adelante volveremos sobre las variedades.

Por ahora vayamos al enigma de su origen, leamos esta leyenda maya.

Leyenda maya sobre el nacimiento de la papaya

Esta es una antigua leyenda maya. Existe una versión en el libro *La papaya, fruta bomba* de Luis Rojo.

La leyenda nos cuenta acerca de valores humanos eternos como son la amistad y la camaradería, enfrentados con la avaricia, la envidia y el deseo de poseer lo ajeno, sin importar siquiera si con este afán de posesión se lesiona a otras personas. Vicios o pecados de los que no está exenta ninguna civilización ni persona sobre la Tierra.

Con el ánimo de mostrar al lector lo que los mayas pensaban acerca del origen de esta fruta, realicé una versión libre de este relato maya, espero que sea del agrado del lector.

Cuenta la leyenda que Nicté y Balam jugaban en la selva. Parece que se entretenían en el juego de las escondidillas, para saltar encima del otro como si se tratara de fieras cuando el descuidado pasaba cerca.

Se la estaban pasando muy bien, muy divertidos. Káuser, su padre, trabajaba cerca de ellos, preparando la tierra para la milpa.

Nicté, la niña, corrió a esconderse entre unos árboles.

Balam, al buscarla, oyó una risa que surgía de entre las copas de los árboles. Y pensó que era su hermana, quién le jugaba otra broma.

Pero no, no era Nicté. En un arbolito vio a un aluxe, es decir, a uno de esos duendes mayas a los que les fueran dadas como tareas especiales cuidar regiones de la selva, los cenotes y petenes, las rías y todo el mayab, recibiendo a cambio dones especiales de los dioses. Y dicho aluxe observaba al niño con curiosidad, mientras saboreaba lo que parecía ser una delicia.

Si bien el pequeño Balam había creído que su hermana Nicté le estaba jugando una broma, al voltear la cabeza hacia arriba se percató de que el aluxe de cara sonriente estaba sentado sobre la rama de un árbol y saboreaba una de las frutas que colgaban del tronco de aquel curioso arbolito. Y al descubrirlo, quiso saber:

—¿Quién eres?— preguntó Balam, pues era sumamente curioso.

—Me llamo Kin Chob y este es mi reino. Los dioses me dijeron que debía cuidar al cenote y a este pedazo de la selva. Y como recompensa me dieron este fruto.

—¿Me das a probar?— pidió Balam, pues tenía hambre y antojo por probar aquella delicadeza, un manjar de duendes.

El aluxe accedió.

¡Delicia!

Desde su escondite, Nicté se dio cuenta de que su hermano hablaba y reía con alguien; le pareció que era otro niño y corrió a averiguar de qué se trataba.

Kin Chob también le convidó de lo que comían.

A los niños les pareció que nunca en su vida habían probado algo tan exquisito. El duende les dijo que se trataba de una *chick put*, fruta creada por los dioses sólo para él.

Nicté, que era la mayor y la más curiosa, quiso saber más acerca de lo que Kin Chob hacía allí.

—Cuido el bosque. Lo defiendo. Es por eso que los dioses me dieron como premio esta fruta tan rica. Si me descuidara y a esta región de la selva le pasara algo malo, seguramente que recibiría un castigo. Pero no pienso abandonarla, es satisfactorio estar aquí y comer este fruto todo el día.

—¿Qué dioses son los que crearon este lugar?— preguntó la niña.

—Hunahpú e Ixbalanqué— aseguró en forma por demás orgullosa el aluxe, al presentar a los dioses a los que él servía.

—¿Y a ellos sirves?

—Ajá. Cuando los dioses crearon el cenote y me encomendaron cuidarlo, para que nadie robe los tesoros que dentro de él se fueran depositando durante los sacrificios, pues es lugar sagrado, me dieron a elegir cualquiera de los frutos del paraíso del agua. Allí hay cientos, quizá miles o millones de frutas cada cual más deleitosa que la anterior. Y puedo decir que las probé casi todas y elegí a la *put* como la fruta de mis sueños. Eso es todo cuanto como. Y cada día que pasa, me resulta más apetitosa.

—Entonces, ¿siempre has vivido aquí?

—Sí, efectivamente. Desde que el mundo apareció, he estado al cuidado de este cenote.

—¿Y no te aburres?

—Bueno, tengo mi recompensa.

Los niños estuvieron de acuerdo, era un fruto por demás delicioso, aunque no sabían si ellos podrían permanecer tantas vidas solitarias al lado del ojo de agua, siempre comiendo papayas. Pero los duendes son diferentes a nosotros, ellos sí pueden, por lo que decidieron que lo mejor sería conocerlo más y quizá hasta hacerlo su amigo.

Pronto supieron que Kin Chob podía convidarles *put*, porque ellos eran niños; pero no debía dar a los hombres del fruto que era un deleite sólo para él, bajo pena de perder su condición inmortal. Un fruto con poderes mágicos, propio de aluxes, prohibido para los hombres.

A Kin Chob le encantaba jugar con los niños. Había estado tantos y tantos soles solo en aquel lugar, que ahora disfrutaba de la compañía infantil. Los niños son capaces de ver y oír cosas que los adultos ya no perciben, y el duende maya era, precisamente, una de esas cosas que los más grandes entre los humanos han dejado de ver y oír.

Aquellas tardes, Nicté y Balam jugaron con Kin Chob hasta que su padre los llamaba para regresar a casa.

Pero una de tantas tardes, al despedirse, el aluxe se sintió triste, pues no quería volver a quedarse solo.

—Mañana volveremos— le prometieron los hermanos. Y le hubieran cumplido la promesa, de no haber sucedido lo que sucedió.

Al despedirse, Kin Chob, en forma por demás descuidada y como un gesto de su plena amistad, les regaló una *chick put* a cada uno y les pidió que volvieran pronto. Ni siquiera recordó decirles que no le dieran a probar a nadie aquel fruto prodigioso.

—Mañana volveremos— volvieron a prometer. Y se fueron. Corrieron a su casa. Y ayudaron a su mamá en las tareas del hogar: buscar agua del pozo, lavar los trastes, dar de comer a los guajolotes y barrer afuera.

Durante la merienda, su papá observó la fruta que los niños comían y les preguntó dónde la habían encontrado. Los niños quisieron contar a medias lo que les había sucedido. Sospechaban que no debían decir toda la verdad, pues delatarían a su amigo. Pero no sabían mentir. Así que se encontraron en una difícil situación.

Cuando el señor Káuser quiso probar la papaya, no tuvieron más remedio que darle a su papá. Aunque sabían que se trataba de un acto prohibido, no podían medir las consecuencias.

El señor probó y al momento sintió un gran deseo de comer más de aquella fruta, extraña pero deliciosa como ninguna otra.

—Llévenme al árbol donde la hallaron— exigió.

Los niños lo llevaron, con el temor de ser castigados. Pero, como es lógico, al llegar al cenote cuando ya anochecía, el adulto no pudo ver nada.

El señor se puso muy enojado. Tomó una vara y amenazó con golpearlos si no le decían toda la verdad. Entonces tuvieron que contarle a su padre lo del aluxe.

—Aquí estaba el arbolito de *puts*, papá. Lo que ocurre es que solamente los niños lo podemos ver.

El señor no era tonto y supo de inmediato que aquello era obra de los duendes. Pensó que si atrapaba al aluxe, podría exigirle un deseo. Y ya sabía lo que le iba a pedir.

Los niños vieron a Kin Chob trepado en su árbol y se lo señalaron a su papá. Pero como el señor Káuser no veía ni al árbol ni al aluxe, fingió estar muy bronco. Y a gritos les dijo:

—Estoy muy enojado porque mis propios hijos se burlan de mí. Como esas tenemos, voy a castigarlos. Y no pienso dejarlos salir de la casa hasta que no me digan de dónde han sacado aquella fruta.

Pasaron los días y los niños no regresaban al cenote, por lo que Kin Chob resolvió buscarlos. Decidió convertirse en hombre para que los mayores pudieran verlo y se presentó ante los papás de Balam y Nicté como un señor del reino de Uxmal.

Muy pronto los padres de los niños se dieron cuenta de que aquel no era persona, sino duende. Pues los duendes no saben comportarse como adultos, todo tocan, todo tiran. Y sin querer, se dedican a hacer tantas travesuras, que aunque se disfracen de hombres respetables, se delatan casi de inmediato.

Advertidos de que se trataba de un aluxe, los padres de Balam y Nicté le preguntaron si quería comer un plato de piedras. Kin Chob sabía que los humanos comían cadáveres de animales que por lo general ellos mismos asesinan. Y otras cosas asquerosas por el estilo. Así que cuando le preguntaron si quería un plato de sopa de piedras, le pareció natural y dijo que le daría mucho gusto comerlo, por lo que los adultos se dieron cuenta de todo.

Le dijeron que iban a encender la lumbre, pero fueron a cuchichear para ponerse de acuerdo.

—Tú, mujer, traes a los niños. Yo iré por un costal. Ya verás que en cuanto vea a los niños, recupera su forma de aluxe y es allí donde pienso capturarlo.

Le sirvieron las piedras para que estuviera bien pesado y no pudiera correr.

Después pidió que le dejaran ver a los niños. La madre fue por ellos y llamó aparte a su marido para decirle que había llegado el momento.

Kin Chob vio a sus amigos y tomó su forma real. De inmediato lo atraparon con un costal.

—Déjame ir— pidió el duende.

—Sólo si me concedes un deseo— exigió el padre.

—Déjalo ir, papá. El aluxe no te ha hecho nada y tiene que ir a cuidar la selva. Si los dioses Hunahpú e Ixbalanqué pasan y no lo ven, lo van a castigar— pidió Nicté.

—Lo soltaré si nos da un huerto de la fruta.

Kin Chob aceptó entregar lo que le pedían, pero puso una condición: que le permitieran llevarse con él a los niños.

Los esposos dudaron un momento, pero pronto aceptaron el cambio. Sin embargo, no soltaron al duende hasta ver cumplida su promesa. Cuando se asomaron al patio y vieron aparecer decenas de árboles de *chick put* llenos del delicioso fruto, entonces lo liberaron.

Kin Chob pidió a los niños que caminaran rumbo al cenote.

—Vayan rápido a la selva, donde ahora vivirán— les dijo.

Los padres se volvieron gente muy rica.

De todas partes del mundo maya, del amplio mayab, venían a comprarles papayas, eran un deleite para el paladar, además de tener propiedades mágicas.

La gente quería comer más y más de aquella maravilla.

Pero de nada les valió a los padres de Nicté y Balam ser tan ricos. Porque casi de inmediato se habían dado cuenta del grave error cometido. La riqueza sin sus hijos no tenía sabor alguno.

Corrieron al cenote para pedir perdón a sus hijos y rogar a Kin Chob que se los devolviera. Pero ya no los encontraron.

En eso, pasó una viejecita por allí.

—Por favor, denme algo de comer— pidió.

Lo único que tenían a mano era una papaya madura, por lo que se la dieron.

En cuanto la anciana comió la fruta, se escucharon las risas de Balam y de Nicté.

Pero por más que los buscaron, no pudieron hallarlos.

En eso pasó un enano y sus dos hijos.

—Por favor, algo de comer— pidieron.

Y como lo único que tenían era papayas, se las dieron.

Y otra vez las risas.

Arrepentidos de haber regalado a sus hijos a un aluxe con tal de volverse ricos, se dedicaron a repartir la fruta de *chick put* con la esperanza de que, al ver su cambio, Kin Chob les regresara a sus hijos.

Así, cada vez más gente fue conociendo aquella fruta de aroma y sabor incomparables.

Pero como todos sabemos, Nicté y Balam se quedaron a vivir con Kin Chob para siempre. Fueron nombrados sus ayudantes, pues los dioses si bien se disgustaron al principio, ya que la selva había quedado sin cuidado y una fruta del paraíso del agua había caído en manos de los hombres sin moral, luego de quince años de castigo, le devolvieron al duende la custodia del cenote, siempre acompañado de los dos hermanos. Nicté florece con flores más grandes, son de color cremoso o blancas y muy fragantes; Balam, en cambio, tiene flores pequeñas y tubulares, con cinco pétalos. En tanto que el travieso Kin Chob, aparece en los papayos siempre jugando, pues resulta un hermafrodita, con flores hembra y macho entremezcladas.

Y aunque de esto ya pasaron muchísimos años, hay quienes aseguran haber visto junto al cenote a los dos hermanos en compañía de su amigo y protector. Hay quienes dicen que no se les puede ver de cerca, sólo de lejos. Y hay, también, quienes cuentan que cada vez que comemos una papaya, volvemos a darles vida a aquellos dos niños mayas.

¿Papaya?

Uno de los primeros misterios de la papaya se presenta cuando pensamos en el nombre que finalmente tuvo en español esta planta.

Como hemos visto, los mayas le daban el nombre de *chick put* o sencillamente *put* a la papaya, pero ¿De dónde provino este curioso nombre? ¿Papaya?

Dice Fletcher en su libro que al preguntar cuál era el nombre de esa planta, los españoles creyeron escuchar que les decían "ababai" y adaptaron esa palabra al español como papaya. Desde luego que esto es algo extraño. Porque "ababai" no es una palabra maya. O bien la historia de Hernán Cortés no sucedió en verdad en Tabasco, ni en la península de Yucatán, sino en alguna región del Caribe; o bien, no le pudieron haber dicho al conquistador que el fruto se llamaba "ababai", más aún cuando los españoles, en los primeros años de la conquista, les llamaron a las papayas "higos de mastuerzo".

Lo mismo ocurría con las tunas de los nochtli, que recibieron el nombre de "higos chumbos" y a la planta la llamaron "higuera chumba", que es como se le conoce hasta nuestros días en Andalucía. Sin embargo, finalmente se adaptó la palabra nopalli, nopales, aunque no se puede precisar cuándo ocurrió.

El nombre de "papaya" dicen algunos investigadores, es una voz caribeña, que se deriva a su vez de "ababaya". Cuyo significado es "partir en piezas pequeñas".

Cuando el obispo Jiménez relata, entre sus textos de viaje, las antiguas narraciones históricas de la expedición de Cortés, y cuenta acerca de la indigestión de los soldados y luego la ingestión de papayas que les causó alivio, habla de higos de mastuerzo, no de papayas; aunque se trata del mismo fruto con diferente denominación.

Al parecer, el vocablo papaya proviene de alguna lengua que se hablaba en el Caribe cuando llegaron los españoles. Quizá proviene del idioma otomaco, de la palabra *papai*. O del idioma taino *papayana*, palabras que significan desmoronar o martajar. Es decir, hacer pedazos. Lo que indica que desde tiempos muy antiguos se conocían las virtudes de este fruto.

Otros investigadores dicen que en realidad se trata de una adaptación de la palabra *pawpaw*, cuyo origen es Hawaiano. Esto carece de todo fundamento.

Lo cierto es que los ingleses le cambiaron el nombre, cuando encontraron al fruto en la isla de Jamaica, confundiéndola con el paw paw, y empezaron a llamarla así debido a su acción auxiliar para la digestión, similar al paw paw.

Sin embargo, desde el punto de vista de la botánica, el paw paw que crece en los estados de Texas, Oklahoma, Arkansas, Lousiana y en la parte baja del valle del Mississippi, en Estados Unidos, no tiene ninguna relación con la papaya. No posee la enzima digestiva de la papaya, pero sí contiene un ácido astringente, con un efecto igual o similar al del jugo lechoso de la papaya.

El paw paw crece en forma de arbustos, no en plantas parecidas a un árbol, además, su forma no es parecida. El problema se extendió cuando la Enciclopedia Británica la menciona bajo ese nombre, "paw paw", lo que también se repitió en otras enciclopedias. Aumentando la confusión.

Lo único que sabemos es que el primer nombre que le dieron los españoles a esta fruta, como lo señalamos, fue el de higo de mastuerzo, debido a que las semillas tienen un sabor picante, como el de esta planta. Y que en algún momento de la historia, sin que sepamos la razón, la gente en México comenzó a llamarla papaya, nombre que ha perdurado hasta nuestros días. Aunque no se la conoce con este nombre en otros países.

En Cuba, por ejemplo, a esta fruta se le llama "fruta bomba", para evitar el vocablo papaya, con el que maliciosamente el pueblo llama al pubis femenino.

A esta fruta también se la conoce con algunos nombres más como: *chick put* (forma silvestre) o *put*, en Yucatán en lengua maya; papaya de los pájaros (forma silvestre), en Yucatán; y papaya, papayero y melón chapote o melón zapote, en varias partes del país.

En estas regiones el vocablo papaya se usa igualmente para designar a la planta y al fruto, pero se entiende más correcto el llamar papaya al fruto, y papayo o papayero a la planta.

En Puerto Rico se la conoce comúnmente con el de lechosa.

En Brasil se le conoce como mamao; por lo que los argentinos y uruguayos que la importan, la llaman mamón.

En algunas partes se confunde con el nombre de melón zapote, pero el zapote es otro fruto que también se encuentra en los trópicos, y pertenece a una familia diferente.

En las colonias francesas la llaman papaya, en alemán lleva los nombres de *papaja* y *papai*.

En muchas partes del mundo se le llama, simplemente, papaia.

Entre los decires de nuestro pueblo, hay algunas frases populares que mencionan a esta fruta: "Parece papaya", se dice así a una persona enferma que tiene la cara amarilla, aludiendo al color de la fruta del papayo.

Ya mencionamos que la palabra contiene un doble significado, es decir, una connotación sexual vulgar.

Y, finalmente, agregar que es *vox populi* el "curársela", esto es, contrarrestar los efectos de la resaca alcohólica con tés de papaya.

Es curioso, pero el nombre es un misterio. Su nombre científico, que le fuera dado por Linneo, el famoso botánico sueco, es el de *Carica papaya*.

Usos indígenas de la papaya

Al llegar a América, los conquistadores españoles se encontraron con que las hojas del papayo eran usadas como un sustituto del jabón para lavar la ropa. En las regiones en que se cultivan papayares y hay escasos recursos se sigue empleando a las hojas del papayo como sustituto.

Y también los indios usaron las hojas para suavizar carnes duras, las cuales eran envueltas en ellas poco antes de cocinarlas; esta última propiedad de la papaya sería redescubierta siglos después por químicos orientales.

De esta manera, aunque la papaya es un fruto netamente tropical, muchos habitantes de países fríos, que jamás la habían probado, han disfrutado de bisteces más tiernos y blandos, gracias a un producto japonés que fue el primer ablandador de carnes puesto a la venta en el mundo, elaborado a partir de papayas.

La médula del tallo de este arbolillo puede ser aprovechada en la fabricación de conservas, para lo cual se ralla y se mezcla con azúcar. Los antiguos indios la comieron molida y mezclada con mieles vegetales.

Muy probablemente, al continuar la expansión de este cultivo, volveremos a probar tallos de papaya en conserva.

Las raíces las cocían como legumbres.

Es una planta muy solicitada en todo el mundo porque contiene un jugo lechoso o látex que escurre de todas las hojas, el cual tiene uso en la elaboración de varios productos de cosmética. Pero en tiempos antiguos, se le daba también un uso medicinal a estas hojas, pues en infusión se tomaba para combatir el asma y como tónico cardiaco.

Hoy se sabe que las hojas contienen una sustancia llamada carpaína, que es un alcaloide que se usa como sustituto de la digitalina por tener cualidades de estimulante para el corazón. Emplear el té de hojas de papayo es, como vemos, una ayuda para el músculo cardiaco.

Las flores, también en infusión, se tomaban para ayudar a las mujeres a provocar la menstruación; y las mismas flores de la planta se utilizaban —y se continúa su uso— en perfumería por su agradable aroma.

En el organismo, cada enzima tiene un propósito específico, y la digestión no es la excepción. Algunas de ellas, por ejemplo, nos sirven para digerir las proteínas; otras, las grasas, y otras más, los carbohidratos. Sin embargo, la papaína rompe con todas las reglas: nos ayuda indistintamente a digerir los tres grupos de alimentos. Esto significa que es un digestivo maravilloso.

Pero, el lector se preguntará, si la papaya y sus enzimas digieren los tres grupos de alimentos mencionados, ¿no podría digerir hasta las paredes del estómago? No, pues, como veremos, las enzimas de la papaya tienen la virtud de digerir las proteínas "muertas" y no interferir con el funcionamiento de las demás. Esta versatilidad les confiere una gran importancia en casos de úlcera gástrica, pues la alcalinización del estómago forma parte del tratamiento.

Mezclando dos hojas de papayo con una ramita de yerbabuena e hirviéndolas en medio litro de agua se obtiene una sabrosa infusión. Según dicen quienes la han utilizado en caso de gases, dispepsia o úlcera gástrica, obra maravillas por su notable acción estomacal.

A pesar de que las virtudes mencionadas de la papaya fueron descubiertas por los americanos mucho antes de la llegada de los europeos, no fue sino hasta hace poco más de cien años cuando los químicos europeos empezaron a investigarla en forma científica. Los nativos usaron el fruto como alimento o como un auxiliar para la digestión en caso de trastorno estomacal. Por lo general, el fruto se ingiere como un preventivo de ese padecimiento. Sin embargo, los nativos de todos los países en donde se cultiva la papaya, sin el conocimiento científico, sino únicamente el empírico, la aprecian mucho por su poder ablandador, y se aplican su jugo lechoso sobre la piel, con objeto de suavizarla y limpiarla. Emplean las semillas para arrojar las lombrices intestinales, tanto en el ser humano como en el animal. Las mujeres envuelven la carne fresca en las hojas verdes, dejándola reposar toda la noche y eso tiene el mismo efecto de un ablandador.

Estos usos, demostrados por la experiencia, son la base que le permite al investigador partir hacia la creación de productos industriales refinados, pues ahora se cuenta con el instrumental técnico y científico para comprender a fondo las actividades de todos sus componentes.

Otros empleos, en cambio, están en su etapa preliminar. En la India, por ejemplo, se han usado las semillas como un anticonceptivo eficaz, y en la actualidad, en los Estados Unidos se están efectuando investigaciones a este respecto. Dice Fletcher que "la evidencia de esta acción anticonceptiva en la India es tal, que si llega a demostrarse este efecto, será un gran adelanto en dicha terapia, ya que prácticamente no tiene ningún efecto secundario nocivo, como sucede a menudo con la píldora de la farmacopea actual. Debido a este aspecto, el precio en la importación de la semilla ha aumentado de diez centavos de dólar por medio kilo, a casi tres dólares".

La papaya y los piratas

Para comprender qué ocurrió entre 1520 y 1870, es decir, entre la primera mitad del siglo XVI y la última mitad del siglo XIX, durante 350 años, es necesario pensar que hubo dos frentes de expansión en el cultivo de la papaya.

La llamada Nao de China o Nao de Manila transportó al puerto de Acapulco los cítricos, de allí que en muchas partes de América se conozca a las naranjas como "chinas" o "jugo de chinas". Algunos elementos del atuendo de la "china poblana", pues se trajeron las sedas de Oriente. Y, entre otros cargamentos, un tipo de papel, llamado precisamente "papel de China". Pero, a su vez, fueron muchos los productos que de México salieron rumbo al Lejano Oriente.

Los chiles, los jitomates y aguacates, el maíz y la calabaza, entre otros productos mexicanos, además de la papaya, fueron llevados a aquellas lejanas tierras, donde se aclimataron.

Este es el primer frente de expansión que, como lo señalé anteriormente, ocurrió hacia China, pasando por Manila. Los galeones españoles de principios del siglo XVI llevaron la semilla a las Filipinas. Desde allí introdujeron al fruto en las Indias Orientales y, poco a poco, el cultivo se extendió a todo el Oriente.

Curiosamente fueron los piratas quienes ayudaron en este frente de expansión. El capitán Cook se llevó algunas semillas de Centroamérica a principios del siglo XVII y cuando desembarcó en la costa Kona de la isla Hawai, combatió contra los kanakas y fue muerto en esa acción. Su buque permaneció allí durante algún tiempo, en el transcurso del cual, hubo un considerable intercambio social con los nativos. Las semillas se plantaron durante la estancia del barco, y desde estos plantíos, y con ayuda de los humanos, la papaya se difundió hasta llegar a todas las islas del Pacífico poco tiempo después.

Asimismo, desde el territorio continental de México, la papaya se difundió hacia las Indias Occidentales, en otras palabras, hacia el resto de América, y se obtuvieron excelentes resultados en Cuba y Jamaica. Donde la papaya se afincó al punto de crearse allí una de sus variedades más apetitosas.

La papaya, una vez que se cultivó con éxito en las Filipinas, fue llevada a Ceilán. Esto ocurría a finales del siglo XIX, cuando la mayor parte de la papaína producida en el mundo entero procedía de esta isla.

Desde allí los musulmanes la llevaron a África Oriental, de donde a principios de este siglo empezó a extenderse a Uganda, Tanganica y Kenia y hasta el antiguo Congo, hoy Zaire.

Bajo el reinado de Leopoldo de Bélgica, se desarrolló extensamente el cultivo de papayares en el Congo Belga. Y es interesante hacerlo notar, porque entonces comenzaron las investigaciones científicas acerca de la papaya.

Fueron los químicos alemanes quienes iniciaron las investigaciones, que se extendieron rápidamente a Francia e Inglaterra, y más adelante llegaron a Norteamérica. Durante los años siguientes, los químicos japoneses también efectuaron considerables investigaciones.

¿De qué se trataba?

Se había vuelto a descubrir que la papaya, además de ser un fruto prodigioso que al comerla ayudaba a combatir las indigestiones, tenía la propiedad de ablandar las carnes cuando se la dejaba en contacto con éstas.

Lo que los científicos estaban buscando era la enzima que hacía estas maravillas, y muy pronto vinieron a descubrir que el motor digestivo de la papaya, era un catalizador o enzima llamado "papaína".

La historia de la papaya cambió por completo.

Si hasta entonces se la cultivaba por sus frutos dorados y dulces, los industriales comenzaron a ver en esta planta una fuente de ingresos extraordinaria.

¿Cuál es el ingrediente digestivo activo de la papaya?

En la siguiente sección explicaré con más detalle qué son las enzimas y cómo trabajan, por ahora bástenos saber que rompen las moléculas grandes en pequeñas, lo que facilita el proceso de digestión, pues, en última instancia, digerir un alimento significa romper la cadena original de moléculas, para que el organismo las absorba y entonces las asimile y convierta en nutrientes.

El jugo lechoso que se obtiene de la cáscara del fruto cuando todavía está verde, y justamente antes de madurar, es un látex que contiene dicha enzima.

De allí que la ingestión del fruto maduro es muy benéfica, aunque la actividad concentrada que se emplea en el mundo de los medicamentos y los alimentos no se encuentra en las papayas maduras, sino en las verdes.

Como decía, Ceilán, una isla de montañas elevadas situada en el extremo de la India, produjo una gran cantidad de papaya. De allí procedía casi toda la papaína para el comercio mundial antes de su plantación extensiva en África Oriental.

La isla de Ceilán, justamente al sur de la India en el Océano Índico, durante veinticinco años fue la principal productora de papaína.

Después, la producción se extendió a África Oriental, en los estados de Tanganica, Uganda, y en los alrededores del lago Victoria. Esta región se inició bajo el control alemán, como resultado de las importaciones del este de la India, desde Ceilán y la misma India.

Los alemanes se percataron de que aquello estaba siendo un gran negocio, pues las carnes de segunda podían convertirse en sucedáneos de carne de primera al ser puestas en contacto con los ablandadores.

La papaína alemana procedente de África Oriental se embarcaba casi siempre por ferrocarril desde Kanipala, Uganda y Arusha, en Tanganica, cruzando Kenia hasta llegar al puerto de Mombasa en el Océano Índico, desde donde la mayor parte se enviaba a Nueva York.

Así, durante la ocupación alemana, se embarcaron por tierra unos vapores pequeños que se ensamblaron después para que operaran en el lago Tanganica. El resultado fue que gran parte de la papaína se transportaba a través del lago Tanganica y después se embarcaba en cajas de madera dura por ferrocarril, desde Arusha hasta Mombasa.

El fin de la primera Guerra Mundial, marcó un cambio. Alemania perdió las colonias de África Oriental, y se le otorgó a Inglaterra el mandato sobre esas provincias.

Después de la primera Guerra Mundial, este control quedó en manos del protectorado británico, que fomentó la producción de papaína.

La producción africana era más pura, menos alterada y tenía mayor actividad, asegurando así una mejor aceptación de su producto. Las vertientes y laderas del famoso volcán Kilimanjaro en Tanganica, hoy Tanzania, y en Kenia, en África Oriental, sembraron numerosos plantíos destinados a la producción de papaína. También se llegó a desarrollar una gran producción de papaína en los alrededores de Kampala, en la provincia de Uganda.

El paisaje de África había cambiado. Se sembraban mangos procedentes de la India, papayas americanas, papas y batatas nacidas en el alto Perú, piñas, cacao, café, tabaco entre otros.

A pesar de que en una época tan remota como el año de 1915, cuando la Comunidad de Naciones de las Filipinas contrató a un químico norteamericano experto en la papaína, para que desarrollara una serie de proyectos con la papaya y la papaína, Estados Unidos desafortunadamente no se interesó en la papaya.

En 1924, *The National Herbarium* publicó un reporte muy vasto acerca de la papaya. Eso fue como resultado de una investigación que llevó a cabo Paul C. Stanley, del National Museum, sobre el lugar de origen de este fruto, en el sur de México y en Centroamérica. Asimismo, el doctor Marcano, de Venezuela, había sido el primero en observar la existencia de una enzima parecida a las animales que digería la carne.

Y, a pesar de todo, la Administración de Alimentos y Medicinas dictó un fallo negativo sobre la papaya.

Hoy se sabe que el problema que ocasionó que se detuviera la importación y la investigación acerca de la papaya, por casi cuarenta años, fue un error.

Se dijo que la papaya era planta anfitriona de la mosca de la fruta. Esa fue la teoría. La mosca de la fruta del Mediterráneo era una plaga muy temida por los fruticultores. Y, ante el riesgo, se prefirió el embargo.

Hasta que se descubrió que la teoría era falsa, pues la penetración debe llegar hasta el interior hueco. Pero la piel del fruto es demasiado gruesa para permitir la penetración de la mosca a fin de que pueda depositar sus huevos y, por consiguiente, no pueden incubar.

Cuando comenzaron las pruebas para efectuar una investigación detallada de la mosca de la fruta, los entomólogos del Departamento de Agricultura de los Estados Unidos y de la Bolsa de Cultivadores de Frutos de California, no pudieron encontrar una sola infestación de los frutos de la papaya.

Sin embargo, Japón había tomado la delantera.

Justamente antes de declararse la segunda Guerra Mundial, se importaban de Tokio a Nueva York, anualmente, mil toneladas de papaína no elaborada, es decir, el jugo lechoso de la papaya. Así como el obtenido de las semillas secas de la papaya.

Al seguir la pista de esas importaciones, cuando el general MacArthur fungía como Administrador de Paz en Japón, se supo que esa papaína procedía originalmente de la isla de Ponape y que había sido llevada a

Tokio por una pequeña compañía japonesa y después exportada por uno de los principales exportadores de Japón.

Muy pocos son los que habrán olvidado la invasión de productos japoneses ablandadores de carne que se dio a escala mundial en los años sesenta. Entonces la producción mundial de papayas comenzó a crecer nuevamente, y el proceso continúa hasta nuestros días.

En forma paralela, Taiwán, la antigua Formosa, bajo la ocupación de la China nacionalista y bajo la supervisión de científicos norteamericanos, ha producido en los últimos años una papaína de calidad y actividad muy elevadas.

En la actualidad, Jamaica, que comenzó el cultivo de papayas en 1911, para 1997 había superado las 5 mil toneladas anuales. El rendimiento ha sido más de 200 cajas de exportación por hectárea por semana y cada caja contiene 4 Kg de fruta. Y tiende a ser el mayor productor mundial. 40% de la fruta se destinó para el mercado americano, 33% para el Reino Unido y 27% para Canadá.

Es una lástima que México esté quedándose a la saga en esta aventura productiva.

CAPÍTULO TERCERO

¿Qué es la papaya?

La familia de la papaya

Se sabe que la papaya es originaria de las zonas selváticas de México y Centroamérica de donde la llevaron los europeos al resto del mundo. Hoy se cultiva en la mayoría de los países que tienen clima tropical, que es el más favorable para su reproducción.

La papaya es un arbusto de la familia de las violáceas, dentro del grupo de las caricáceas, de ahí su nombre científico: *Carica papaya*.

Las VIOLÁCEAS es el nombre común de una familia mediana de plantas con flor. Tiene unas 830 especies de herbáceas y arbustos, algunas enredaderas leñosas y unos cuantos árboles; casi la mitad de estas especies pertenecen al género representativo de la familia, en su mayor parte herbáceo.

Las violetas, tanto las especies naturales como las formas híbridas, se cultivan mucho. Las especies silvestres se cultivan por el color, la fragancia y las interesantes formas y disposiciones de color de las flores. Casi todas tienen tallos muy cortos y las hojas parecen brotar directamente del suelo, aunque hay también especies de tallo largo. Son fáciles de hibridar y se han obtenido centenares de variedades; en el comercio generalmente se les llama pensamientos y son muy apreciadas como flores del principio de la primavera.

Las violáceas forman parte de un orden con 24 familias y unas 5 mil especies. Suelen tener hojas alternas con estípulas (proyecciones foliosas) basales. Las estípulas de las violetas se ven con facilidad al extender la base de la hoja. Las flores son variables, pero todas comparten la característica de tener los óvulos, que al madurar se transforman en semillas, unidos a la cara interna de la pared del ovario (pieza floral femenina).

Son también familias importantes de este orden las begoniáceas, las cucurbitáceas, las pasifloráceas y otra que agrupa unas 875 especies de árboles y arbustos tropicales, algunos de los cuales producen maderas valiosas.

También hay unas especies tropicales del orden que se cultivan por el fruto. La papaya, por ejemplo.

La clasificación científica. Nombre científico de la familia de las violáceas es *violaceae*, del orden violales. El género representativo es viola.

La papaya pertenece a este grupo y también a la familia de las caricáceas (*Caricaceae*); es la especie Carica papaya.

CARICÁCEAS es el nombre común de una reducida familia de arbustos de madera blanda, apenas ramificados, nativos de las regiones tropicales de América y África occidental.

Tiene cuatro géneros y unas 30 especies de dicotiledóneas.

Presentan hojas características palmadas y lobadas o compuestas, y flores pequeñas unisexuales que se forman en pies masculinos y femeninos distintos (es decir, se trata de plantas dioicas). Todos los órganos de las plantas contienen un látex en unas células especiales que lo producen.

A esta familia pertenece la papaya o lechosa, nativa del Nuevo Mundo, aunque se desconoce su origen exacto se admite que es oriunda de México y Centroamérica. Pudo haber sido el resultado de una hibridación casual entre otras dos especies del género representativo de la familia.

Ahora se cultiva mucho en los trópicos, y se han obtenido numerosas variedades.

Características de la papaya

La *Carica papaya*, clasificada por Linneo como una cariácea, científicamente es una planta que pertenece a la familia *Caricaceae*, la variedad productora del fruto que vemos comúnmente tanto en los mercados domésticos como en los extranjeros.

La *Carica papaya* es un árbol mediano, originario de los trópicos americanos, que se ha extendido a Asia, África, Hawai y Australia. En realidad, su constitución es la de una planta arborescente, es decir, más parece árbol que planta, pues llega a sobrepasar los cinco metros de altura y, en ocasiones, llega a medir hasta nueve metros. Pero no es un árbol, sino una especie de enorme violeta.

El árbol de la papaya, también conocido como papayo y papayero, tiene un desarrollo tan rápido que a los nueve meses empieza a dar frutos, a diferencia de otros árboles que tardan décadas en hacerlo. Algunas variedades comienzan a producir entre los 8 meses, otras, en cambio, pueden tardar hasta los 2 años, dependiendo del clima y el riego. Su vida productiva es relativamente corta, pero da frutos todo el año.

LA RAÍZ

La estructura natural del tronco es una especie de base de donde parten numerosas raíces cortas e irregulares que crecen hacia abajo y no en dirección lateral. Algunos científicos sostuvieron que el papayo carece de raíz primaria. Sin embargo, en algunas regiones del mundo tropical existe evidencia de que esas plantas sí tienen una raíz primaria, que se ramifica. En Tahití surgió la idea de ramificar la raíz del plantón, eso significaba que la planta daría frutos, ya que era femenina, y también se alegaba que no se ramificarían las plantas masculinas. Esto jamás ha quedado demostrado a plena satisfacción.

Las raíces de la planta pueden prepararse como verduras.

EL TRONCO

Uno de los errores frecuentes es pensar que la papaya es un árbol. Sin embargo, por comodidad y uso generalizado, se habla del árbol de la papaya o papayero en forma indistinta, habiendo hecho la aclaración de que la papaya no es un árbol, es una planta herbácea, es decir, es una hierba grande. Una violeta gigante, cuyas flores tienen un aroma similar a la de sus primas.

El tronco de la papaya es hueco, con una corteza delgada y grisácea en la que aparecen algunas nudosidades que muestran los sitios en donde ha habido hojas. Cuando el arbusto está con vida es fácil cortarlo con machete, pero es muy difícil cortar el tronco muerto de la papaya, ya que su estructura se convierte en una fibra muy resistente. Una planta normal crece en forma envolvente con una cima cónica.

El tronco es por lo regular recto y sin ramas, de color gris pardo y con un diámetro máximo de 25 centímetros. Alrededor le salen las hojas, éstas son de tallo largo y grueso y su extremo parece una gran mano abierta, en la que son muy notorias las nervaduras.

En estado silvestre, el árbol (papayo) crece hasta alcanzar 1.8 m de altura, sin embargo los ejemplares cultivados se acercan a los 8 e incluso hasta los 9 m de altura. Tiene la madera blanda, con jugo lechoso.

Según la variedad, el clima y el suelo, el tronco es generalmente recto y simple, sin ramas laterales, de 20 a 25 centímetros de grueso; de color verde pálido, moreno amarillento o gris claro; es hueco en el centro, por lo que es débil y flexible, con la madera porosa, marcada hacia el exterior por numerosas cicatrices que dejan las hojas al caer. Lleva en su parte superior un conjunto de hojas pecioladas, de 7 lóbulos, y racimos de flores amarillas.

Los troncos de la papaya pueden prepararse y comerse en conserva.

LAS HOJAS

Su copa está constituida por hojas grandes, perennes y profusamente lobuladas. El color de las hojas varía entre el verde brillante de las más tiernas y el oscuro intenso de las viejas; en su conjunto, forman una especie de penacho en la parte superior del tronco, de manera similar al de las palmeras.

Las hojas brotan directamente del tronco, con ramas, y sigue creciendo del tronco a medida que crecen en un círculo regular, lo que produce una planta muy atractiva y de aspecto simétrico. Las hojas son denticuladas con un borde parecido a un encaje y de un color verde más oscuro, un tanto parecidas a las hojas de la higuera, pero mucho más grandes. La estructura es delicada y suave, con venas prominentes que se extienden uniformemente desde el tallo a todo lo largo de la hoja.

La característica natural de la planta es que muda esas hojas. Empieza por las más bajas o de más edad, siguiendo por el tronco hacia arriba a medida que la planta alcanza mayor altura.

Esa estructura de las hojas es bastante regular si la planta no está sujeta a vientos fuertes o a otras vicisitudes del clima. Caso contrario, la lesión producirá el material suficiente para que empiece a crecer otra rama y la armonía de la planta se pierde.

La planta de la papaya es valiosa por su producción de hojas, ya que la hoja verde que se corta de la parte inferior de la planta puede secarse al aire o con el mismo método empleado para secar la papaína.

Una vez que se ha secado, debajo de una enramada o un cobertizo que la protegen de los rayos directos del sol, pueden arrancarse las partículas de la hoja, separándolas del tallo y de las venas, y se empacan en bolsas de yute o de cáñamo, y después se envían a los procesadores de esa hoja seca de color verde, quienes la convierten en un té de hierbas mediante un proceso de fermentación y deshidratación, que hace una infusión deliciosa y es un auxiliar notable para las funciones digestivas del ser humano.

Esa hoja contiene una gran cantidad de clorofila natural, así como alrededor de un dos por ciento de papaína, lo que la convierte en un excelente aperitivo y además en un auxiliar para la digestión.

Otro uso de estas hojas es cuando se las muele hasta convertirlas en un polvo que se emplea en la preparación de tabletas digestivas para los casos agudos de
acidez estomacal y como auxiliar en otros padecimientos benignos.

FLORACIONES

Como los papayos pueden ser masculinos o femeninos, para distinguirlos hay que fijarse en las flores que
aparecen sobre su tronco, en la base o axila de los tallos. Algunos papayos dan solamente flores masculinas; otros, femeninas, pero existen algunos que
producen ambos tipos simultáneamente. Por esta razón, en las plantaciones se inician los cultivos con un
número determinado de árboles, que se van seleccio-
nando al florecer, para dejar un excedente de plantas
femeninas y un número suficiente de masculinas para
que las polinicen.

Las floraciones de la planta masculina son de color
blanco pero muy pequeñas, y aparecen en los extremos de largos tallos que se mecen al viento y polinizan
a la flor femenina, que brota directamente de la parte
superior de la planta durante su crecimiento.

Las flores femeninas son más grandes que las masculinas, pero ambas de color blanco verdoso y en forma de campánula estrellada. Las flores también pueden
ser de color marfil blanco, ceroso o marfil blanco con
motas amarillo luminoso.

El polen que las masculinas producen en las anteras de sus estambres se deposita en el ovario de las femeninas gracias al viento y los insectos; con el tiempo éstas se convierten en frutos que se desarrollan colgados sobre el tronco. Por supuesto, los árboles masculinos nunca tienen frutos.

Las floraciones de la papaya femenina, la que produce los frutos, tienen flores grandes en forma de campana, con centros de color amarillo oscuro en la parte inferior de la concavidad de la flor, y estambres rectos que brotan del centro. Esas floraciones brotan directamente del tronco principal.

La floración masculina es bastante diferente, formándose en los extremos de unos tallos colgantes que brotan de la parte superior de la planta y caen sueltos entre las hojas, balanceándose al viento. Las floraciones de la especie masculina son muy pequeñas, parecidas a la tuberosa. La planta masculina no produce fruto, pero sus flores polinizan a las floraciones femeninas, excepto cuando la planta de la papaya se vuelve hermafrodita, adquiriendo una dualidad sexual, en cuyo caso la floración masculina produce un pequeño fruto en el extremo de ese tallo colgante, que es una réplica en pequeño del fruto femenino. Este fenómeno de la naturaleza, por lo general tiene lugar cuando la planta crece en tierras ricas y profundas, donde el drenaje es deficiente.

Algunos escritores hablan de una variedad hermafrodita. Pero no se trata de una variedad sino de un fenómeno de la naturaleza. Es un árbol masculino que florece y se poliniza a sí mismo, fructificando en la punta de un largo tallo; sus semillas no germinan. Desde Hawai los exportadores han estado enviando a los estados occidentales de Estados Unidos ese pequeño fruto hermafrodita, desde hace poco más o menos cincuenta años.

Como es pequeño, con un peso promedio de medio kilo a un kilo, se puede empacar bien en viruta de madera, dentro de pequeñas cajas para embalaje, a fin de que no se maltrate ni empiece a descomponerse. Es un fruto de sabor dulce que se vende muy bien en el mercado; de hecho, en Estados Unidos es la única clase de papaya que se conoce.

Cabe subrayar que este tipo de fruto no produce papaína, que es la cosecha principal del fruto de mayor tamaño que crece en las plantas femeninas. A esta papaya se la conoce como papaya hawaiana, pero, como hemos visto, no es más que el híbrido de la misma especie.

La polinización tiene lugar a través de un intermediario, la mosca o la abeja que transportan el polen. Y gracias al viento.

Las flores de la papaya se usan en la preparación de perfumes. Se dice que su té alivia estados asmáticos, y si bien está documentado a nivel empírico, falta la documentación científica experimental que lo demuestre.

LOS FRUTOS

Los frutos brotan en la base de la floración del árbol femenino, y crecen unidos al tronco, en forma parecida al higo, que es de la misma familia.

Los frutos crecen con bastante rapidez, brotando de los pequeños botones, desde un pequeño grano al tamaño de la cabeza de un hombre y con un peso que en ocasiones alcanza alrededor de 10 kilos.

El fruto del papayo es color amarillo o anaranjado es una baya ovoide, oblonga o elíptica, de 30 a 50 centímetros de largo, de color amarillo oro o anaranjada. La pulpa es carnosa, dulce, amarilla, anaranjada o rosada, y sostiene en su parte interna, que es hueca, numerosas semillas casi esféricas, grisáceas o negras, de sólo unos milímetros de diámetro.

La pulpa es usualmente muy dulce. Se aprecia como una delicadeza al paladar, parecido al melón. De ahí que también se apodó como "melón de árbol."

El fruto, de forma entre esférica y alargada se consume fresco o en almíbar, como fruta o aderezado en ensaladas y postres así como en jugo (zumo).

El aspecto de cada fruto varía en tamaño, forma y color; puede ser pequeño o grande, redondo o alargado, de cáscara lustrosa u opaca, que al madurar cambia del verde al amarillo o al anaranjado, según la especie.

La variedad en la coloración de las papayas se trata de pigmentación. A mayor pigmentación, las pulpas se tornan de color rosa, color mamey o color chocolate.

La cáscara del fruto es de una textura delicada, muy delgada y bastante suave y lisa al tacto, parecida a la piel del ser humano.

A medida que el fruto madura, su color cambia de un verde oscuro a una tonalidad dorada. La carne del fruto, cuando la cáscara todavía está verde, es de color blanco o ligeramente crema, con un centro hueco. El grueso de la carne varía de dos y medio a cinco centímetros, dependiendo del tamaño del fruto.

Suspendidas en el interior del centro hueco, en una red de fibras, hay incontables semillas de pequeño tamaño y color gris, casi redondeadas y algunas en forma oval. Conforme el fruto madura, la carne blanca adquiere una tonalidad dorada y las semillas se tornan negras.

LAS SEMILLAS

Al abrir una papaya se descubre una cavidad interna; sobre la carne suculenta se apeñuscan decenas de semillas negras o grises. Estas semillas son comestibles y tienen sabor picante.

El papayo se reproduce generalmente por semillas, siendo mejores las que provienen de las zonas costeras.

Las semillas del fruto de la papaya, secas, están rodeadas por una corteza externa y una cubierta espinosa. Contienen una cantidad considerable de vitamina C y un aceite esencial, que cuando se libera al moler las semillas para convertirlas en polvo despide un olor parecido al de chocolate tostado.

Las tribus nativas que habitan en los países productores de papaya, le conceden varias pretensiones terapéuticas al consumo de las semillas, algunas de las cuales son ciertas, pero otras son un tanto improbables desde el punto de vista científico. Por ejemplo, son digestivas, estimulantes y acaban con las lombrices estomacales; pero no se puede asegurar que curen otras dolencias.

Cabe recordar que la semilla del fruto hermafrodita de esta planta bisexual (la llamada papaya hawaiana) no germina al usar las semillas para plantar.

Cuando se siembran en condiciones adecuadas, es bien sabido que las semillas del fruto maduro, germinan y crecen para convertirse en nuevas plantas.

Esto es cierto en las latitudes a las cuales están acostumbradas. Dichas latitudes se encuentran entre los veinte grados de latitud Norte y veinte de latitud Sur alrededor de todo el mundo.

Se arraigan en tierras negras en la mayoría de los países tropicales que se encuentran dentro de ese cinturón. En estas tierras las semillas germinan con facilidad, debido al hecho de que allí hay gran abundancia de humedad, aunada a una tierra altamente mineralizada.

También podría añadirse que este rápido crecimiento se produce con más frecuencia en tierras volcánicas de poca profundidad y con una gran abundancia de cenizas volcánicas, guijarros y rocas, en donde el drenaje es rápido debido a la gravedad. En esos lugares, la tierra negra es poco profunda y la grava de los

materiales volcánicos tiene una gran cantidad de ni-
tratos, calcio, aluminio y magnesio.

Estas siembras son muy productivas en las regiones de volcanes activos, o en donde ha habido algún
volcán activo.

LAS VARIEDADES

Los diferentes tipos de papayas que se cultivan en
México son:

1. La verde, que nunca pierde su color aunque madure por completo; de tamaño variable con peso
aproximado de un kilo a kilo y medio, de aspecto
verde rugoso en la epidermis, alcanza su madurez sin tomar el color amarillo.
2. La amarilla o de cera; con aspecto ceroso en la
epidermis y su madurez se advierte fácilmente
cuando se presentan vetas longitudinales verdes
y amarillas.
3. La mamey, de apetitosa carne color rojo salmón;
se le conoce como papaya roja.
4. La chichona, de mayor tamaño con peso de uno a
dos kilogramos, parecida a la verde o a la amarilla, pero con una protuberancia en la punta del
fruto. Llega a pesar hasta diez kilos,
5. La de pájaro que es la más pequeña y olorosa de
todas, con peso máximo de un kilo, de sabor agradable, se produce eventualmente en las plantaciones.

6. Y aunque también se cultivan las variedades origi-
narias de Hawai y Florida, éstas son escasas (no
confundir la papaya de Hawai con la papaya
hawaiana).

Algunas variedades que ahora se prueban son:

1. La papaya de la señora Dragón, una papaya roja
de sabor exquisito.
2. La papaya africana.

Hasta ahora se conocen 45 especies de papayas di-
seminadas por todo el mundo y todas ellas son origi-
narias de la América tropical. En Chiapas, por ejemplo,
existen dos especies parecidas al papayo y sus frutos, que
son pequeños, se les da el nombre de "papaya de mon-
te" en la zona de Escuitla, y la "papaya oreja de mico"
en la región de Pichucalco.

LA SIEMBRA

Los árboles de la papaya son sensibles a las heladas y
sus necesidades de agua son abundantes, pero con
desagüe bueno. El PH óptimo de la tierra es de 5.5 a
6.7. Es algo adaptable, pero crece mejor en tierra or-
gánica rica. Cada planta necesita de 6 pies a dos metros cuadrados de espacio para crecer sin problemas.

Insisto en que el papayo no es un árbol, es una planta
herbácea cuya variedad femenina produce un fruto que
en muchos aspectos es parecido al melón.

El terreno en donde la papaya se cultiva con más éxito, siempre es una región volcánica de formación escarpada o montañosa, en donde prácticamente no se cultivan otros frutos ni hay otras cosechas: en medio de montones de cenizas volcánicas, guijarros y rocas; y en las laderas de las montañas.

A alturas hasta de 1220 metros sobre el nivel del mar, pero nunca en las tierras bajas en donde es posible sembrar maíz, puesto que allí la tierra es demasiado profunda y rica, y el drenaje es malo.

Puede decirse con toda seguridad que casi cualquier parte del mundo que se encuentre dentro del cinturón de veinte grados de latitud Norte y veinte de latitud Sur, a cualquier lado de la zona tórrida, es una buena región para el cultivo de la papaya, con excepción de las tierras bajas de esos lugares.

La papaya es una planta que contiene una gran proporción de agua y una fibra delicada, y produce sus mejores frutos y los más grandes entre los ocho meses y el año y medio. Esta producción tan rápida es posible en las mejores latitudes, en donde abundan la humedad y la precipitación pluvial, sin embargo, su producción empieza a deteriorarse a medida que aumenta su altura. Después de ese límite de tiempo, no es productiva la cosecha de las plantas de más edad, debido a su altura y a los frutos tan pequeños, y también a las lesiones causadas por las tormentas, de manera que es conveniente destruir las plantas más antiguas, sembrando en su lugar nuevos plantones de los viveros.

El proceso de maduración se inicia en el tallo. La papaya brota directamente del tronco principal, empezando en la parte superior, justamente debajo de las hojas superiores. El color verde empieza a volverse dorado, y gradualmente invade todo el fruto, que debe cosecharse cuando está semimaduro, dejando que alcance su plena madurez separado de la planta. Para empacarse, no debe llegar a la cuarta parte de su madurez, ya que se magulla con facilidad.

El látex de la papaína en el transcurso de nueve meses a un año produce una ganancia considerable, siempre y cuando la mano de obra o las condiciones de la contratación sean razonables.

EL GERMINADO Y LOS SEMILLEROS

Se prepara una mezcla de tierra negra con material de abono, vegetación en descomposición y tierra arenosa y arcillosa, con un rico contenido mineral, se forma un plantel de veinte a veinticinco centímetros de profundidad.

Ese semillero deberá tener la parte inferior recubierta de grava áspera a fin de asegurar un buen drenado. Para mantener la humedad adecuada para una buena germinación de la semilla, es conveniente cubrir el lecho, una vez sembrado, con una enramada baja o alguna clase de abrigo que lo proteja de los rayos directos del sol, lo cual puede hacerse con una capa delgada de arbustos o de hojas de palma, y a una altura de veinticinco a treinta centímetros por encima del lecho, y a través de la cual puede filtrarse el agua de riego.

Si se riega diariamente, el sol creará la humedad y el calor necesario para la semilla en germinación.

En ese lecho, las semillas deben sembrarse a mano, a intervalos de diez centímetros y en hileras con una separación mínima de veinte centímetros, haciendo cortes poco profundos en la tierra negra suave; en ese corte se dejan caer dos semillas previamente secas de los frutos maduros, cubriéndolas con más tierra negra después de sembradas. Siempre y cuando las condiciones sean las sugeridas, las semillas germinarán muy pronto, y brotará un tallo con dos hojas en la parte superior, de aspecto semejante al brote tierno de la soja.

A medida que la planta crece, esas hojas desarrollan gradualmente un borde parecido a un encaje, y cuando la planta alcanza una altura de quince centímetros poco más o menos, puede trasplantarse al campo.

Allí deberán cubrirse, por lo menos durante la primera semana, con un cucurucho de papel o de cualquier otro material parecido, a fin de protegerlas de los rayos directos del sol, para que puedan emplear toda su fuerza y echen raíces.

Se siembran en temporada de lluvias.

La tierra de la región tropical promedio, es suficientemente rica gracias a la constante vegetación en descomposición que proporciona gran abundancia de alimento vegetal, de manera que no hay necesidad de emplear fertilizantes comerciales. Por consiguiente, las personas que se preocupan por los efectos secundarios de rociadores y fertilizantes no tienen por qué preocuparse por eso en el caso de la papaya.

La producción de la industria de la papaya en regiones muy alejadas de los mercados de frutos frescos, depende en gran parte de una buena producción de papaya.

La verdadera ganancia se obtiene de la papaína, y sin embargo, siempre que sea posible, debe sembrarse cerca de los mercados de frutos, puesto que los frutos en los que se ha practicado una incisión para la obtención del látex, cicatrizan y siguen madurando hasta convertirse en un producto que se vende muy bien, ya que el contenido de azúcar aumenta alrededor de dos por ciento en esos frutos.

Sobre todo en el mercado mexicano, esta condición es de suma importancia, porque hay una gran demanda de fruta fresca.

De cualquier manera, el mercado de frutos frescos no debe desviar el curso hasta cometer el error de sembrar en terrenos bajos con un drenado deficiente, ya que siempre se debe tener en mente el riesgo de una enfermedad y una producción de baja calidad.

Es vital un terreno elevado y con buen drenaje.

Hoy en día, las producciones más exitosas emplean un método moderno para la recolección del látex, así como el método mejorado de secado con aire caliente, en deshidratadores rotatorios cerrados y controlados. El antiguo método de secado en crudo al aire libre ya está pasado de moda, de manera que esos métodos mejorados producen una calidad superior, que pasa la inspección con mayor facilidad.

Se calculan 1 067 plantas por hectárea. Esto puede parecer excesivo en el momento de sembrar plantones pequeños de treinta centímetros de altura, pero permite un crecimiento rápido y un cultivo eficaz. Algunos plantadores han permitido que la hierba los cubra para el momento del cultivo, pero es muy necesario contar con un método de cultivo, Y también es importante el control de la irrigación durante la temporada de sequía, a fin de mantener la producción para una cosecha lucrativa. La tierra que rodea a la planta debe estar suelta para que las hojas en descomposición puedan fertilizar las raíces, ya que no se necesita ningún otro fertilizante.

Puesto que las raíces de la planta de la papaya forman un haz desigual de zarcillos cortos que prácticamente no tienen extensiones ni raíz principal, las convierten en presa fácil de los vientos fuertes que a menudo las arrancan de raíz, por lo tanto es de primordial importancia un cultivo activo y poco profundo.

En las latitudes adecuadas, las plantas jóvenes que no exceden de un año y medio de edad producen frutos más dulces, de mayor tamaño y con un rendimiento elevado de papaína. Las de más edad, algunas hasta de veinte años, producen un número menor de frutos y más pequeños que las plantas jóvenes.

Muestras de látex de frutos de numerosas plantas de uno a cinco años de edad, prueban que las más jóvenes presentan una papaína de mayor actividad que en el látex de las plantas de más edad.

La producción de papaína

La producción de papaína se logra cortando la cáscara del fruto verde justamente antes de que madure.

Las primeras señales de madurez aparecen cerca del tallo, en donde el color cambia del verde al amarillo, y es entonces cuando debe practicarse la incisión, de la cual fluye un látex espeso, de un blanco lechoso, durante un promedio de siete segundos, y después empieza a coagularse sobre la incisión. Así que el fruto cicatriza el corte mediante un proceso de oxidación.

En el transcurso de los años se han empleado diversos métodos, pero el más aceptado y eficiente se lleva a cabo fijando un cuenco para desagüe construido con un soporte o abrazadera de madera con un resorte, que se cubre con una tela blanca de algodón o con un trozo de gamuza ribeteado con alambre, de manera que cuando ese soporte de madera con resorte se fija alrededor del árbol, la tela o la gamuza casi quedan superpuestas. Los soportes de bisagra unidos a las abrazaderas, y ajustables al tronco del árbol, sostienen el cuenco, así que cuando la abrazadera se aprieta alrededor del tronco de la planta, su superficie queda tirante y lisa.

Quienes se encargan de esta labor deben trabajar en parejas, y llevar el instrumento para practicar la

incisión, que debe ser una navaja de doble filo firme-
mente atada a una vara tallada de sesenta centímetros de largo.

Lo mejor es una navaja de afeitar común y corriente, pero hay que tener cuidado de limpiar la hoja después de algunos minutos de usarla, ya que es probable
que haya una acción corrosiva sobre el acero. Eso puede hacerse mediante el uso de una esponjita suave y
sumergida en agua.

Además de las charolas de látex, se necesita un ras-
pador de madera, dos cajas para recolectar, guantes
de hule para cada uno de los recolectores y un cepillo de
fibra suave. Además la recolección debe iniciarse al
amanecer y terminar al mediodía, ya que el flujo de
látex es abundante antes de que el sol esté por encima
de la cabeza. Asimismo, la actividad de la papaína es
más poderosa durante ese periodo.

La incisión en la superficie del fruto no tiene que
ser profunda, pero deben espaciarse más o menos a
dos y medio centímetros de distancia a todo lo largo
del fruto, de arriba hacia abajo, y así podrán repetirse
las incisiones durante dos días más, haciendo los cortes en los espacios que quedaron entre las primeras
incisiones. Los cortes cicatrizan con gran rapidez,
puesto que el látex deja de fluir en siete segundos poco
más o menos, después de lo cual el látex empieza a
coagular y cicatriza el corte, de la misma manera en
que cuando uno se corta la piel, la sangre pronto empieza a cerrar la herida. De hecho, el látex, que contiene la actividad de la papaína, es la vida de la planta y

su pérdida la debilita, pero pronto se recupera. Después de la extracción de la papaína, el fruto sigue madurando y el contenido de azúcar aumenta alrededor de un dos por ciento, de manera que se vende bien en el mercado, a pesar de que la superficie de su cáscara conserve las cicatrices.

El recolector debe ir equipado con una cubeta de vidrio o esmaltada, que llevará consigo de un árbol a otro para depositar todo el látex húmedo que escurre de los conos de goteado que se fijan en el tronco de cada planta. Una vez que la cubeta está llena, deberá dirigirse de inmediato a las instalaciones de secado, en donde un ayudante cubre con ese látex las charolas de secado, que tienen un marco de madera cubierto por una tela de algodón blanco. Al terminar el periodo de recolección, o con mayor frecuencia si es necesario, el recolector regresará a las instalaciones de secado para descargar el látex húmedo, que se extiende en charolas limpias y cubiertas, y que se introducen en el equipo de secado con aire caliente. Sólo deben sangrarse los frutos más bajos, que están verdes y firmes, ya que la planta al crecer sigue floreciendo en la parte superior y brotan nuevos frutos, que a su vez, llegan a alcanzar el tamaño adecuado para sangrarlos.

Cuando el fruto empieza a cambiar su color del verde al amarillo, disminuye el flujo de la papaína, terminando así el sangrado de los frutos maduros.

La producción de pulpa

Es posible lograr un negocio lucrativo con la pulpa del fruto maduro, que se obtiene fácilmente machacando los frutos después de que se han sangrado. Como ya hemos observado, esos frutos sangrados siguen madurando después de la extracción de la papaína.

El proceso de pelado puede lograrse con un baño de una solución de agua caliente y una pequeña cantidad de sosa cáustica, pero esta operación debe efectuarse con sumo cuidado, porque la cáscara del fruto es muy delgada y delicada. Debe hacerse una inmersión rápida de un número reducido de frutos dispuestos en un cesto de acero equipado con un cable que se opera mecánicamente con ayuda de una pequeña polea, parecida a la de un pozo, a fin de remojarlos y retirarlos rápidamente.

La producción de semillas

También es necesario despojar de la semilla a los frutos, quitando la telaraña interior que alberga a las semillas, las que deben lavarse en agua fría para desprenderlas de esa telaraña, y después secarlas en los mismos hornos que se usaron para la papaína.

Esas semillas se pueden vender en el mercado para la manufactura de medicinas y alimentos, así que se exportan para las empresas de esa naturaleza.

Después de pelarlas y quitarles las semillas, la carne se machaca para convertirla en pulpa y jugo, que se venden a los empacadores que abastecen el mercado de alimentos.

Todo el proceso para convertirla en pulpa debe efectuarse antes de la madurez completa, ya que el fruto se deteriora con rapidez una vez que ha madurado. En la industria de bebidas y de pulpa hay una gran demanda de este néctar. Si la pulpa se empaca para su embarque por volumen a las grandes empacadoras, debe contener de cuatro décimos a un uno por ciento de una solución de benzoato de sodio, que conservará la pulpa en las barricas de madera o en contenedores recubiertos de vidrio que se usan para la exportación.

La composición química de la papaya

Los azúcares:

sacarosa	48.3%
glucosa	29.8%
fructosa	21.9%

El volumen de hidratos de carbono total encontrado está alrededor de 10 g por cada 100 g de porción comestible.

Los ácidos:

El volumen ácido de la papaya es muy bajo y el PH generalmente está entre 5.5 y 5.9

Las cantidades de ácido cítrico y málico son casi iguales.

Los pigmentos:

La diferencia entre amarillo y rojo carne de las papayas se describió primero en 1964 y el volumen del caroteno total fue informado para ser respectivamente 3.7 mg/100 g y 4.2 mg/100 g.

Compuestos volátiles:

106 compuestos volátiles han sido identificados desde 1977 empleando para ello diversas técnicas.

El compuesto que da el olor característico a la fruta madura es el linalool.

En tanto que se ha identificado el compuesto que está presente en las semillas y que contribuye a darle un sabor picante.

Papaína y otras enzimas:

Se han encontrado varias enzimas en las papayas, de las que la papaína es la de mayor importancia comercial. La papaya se explota también por el látex que produce, que contiene papaína, una enzima proteolítica (que digiere las proteínas) utilizada en ablandadores de carne. 2/3 del uso en los Estados Unidos es un ablandador de carne y también se usa como un agente estabilizador de la cerveza.

Cuando se deshidrata la hoja de papaya y se elabora con ella un té, conserva hasta el 2% de papaína y la clorofila en las gomas, ceras y resinas. Es un té ligeramente dulzón, aromático, excelente como digestivo o aperitivo.

Los análisis demostraron que realizando un proceso adecuado, conserva su contenido en vitaminas A, B, C y D, además de contener:

Materiales nitrogenados	3.55%
Teína (alcaloide del té)	0 %
Carpaína (tónico cardiaco)	0.03 %
Papaína (digestivo)	1.45 %
Pectina (fibra)	0.67 %
Tanino	0 %
Aceites esenciales	0.93 %
Ceras y resinas	1.18 %
Azufre	0.25 %
Sílice	0.09 %
Potasio	0.34 %
Sodio	0.27 %
Hierro	0.16 %
Alúmina	0.21 %
Manganeso	0.07 %
Calcio	0.29 %
Magnesio	0.22 %
Fósforo	0.18 %

Más adelante veremos la composición del contenido nutricional de la papaya.

CAPÍTULO CUARTO

Papaína y quimiopapaína: bisturí biológico

¿Qué es el látex?

El látex es un fluido lechoso que se encuentra en ciertas células especializadas, llamadas lactíferas, de muchas plantas superiores. El látex es un polímero disperso en agua que consiste en una emulsión compleja formada por proporciones variables de gomas, resinas, taninos, alcaloides, proteínas, almidones, azúcares y aceites. Suele ser de color blanco, pero en algunas plantas es amarillo, anaranjado o rojo. Contienen látex casi todas las especies de las familias Asclepiadáceas,

Apocináceas, Sapotáceas, Euforbiáceas, Moráceas, Papaveráceas y Compuestas.

Muchas gomas comerciales, como caucho, balata, guayule, gutapercha, opio y chicle, son productos de látex refinado, aunque ahora se obtienen también por medio de síntesis.

Los botánicos no conocen con exactitud la función que desempeña el látex en el desarrollo. En algunas plantas exuda de las heridas, sobre las que forma una capa protectora. En varias especies es tóxico y sirve de defensa contra los animales. Casi toda esta acción defensiva de la naturaleza es evidente en los lugares en donde las plantas crecen en tierras profundas y con mal drenaje. Hay que recordar que la papaya es una planta de terreno áspero y montañoso y tierra volcánica y de cenizas, en donde los productos químicos resultantes predominan en la tierra en laderas bien drenadas e incluso en las laderas de montañas relativamente altas. Podría mencionar el estado de Michoacán en México, así como la isla de Ceilán en Oriente, como ejemplos. Es decir, el látex de la papaya es una defensa natural.

Los frutos del papayo, cuando todavía están verdes en las plantas femeninas, exudan una leche blanca que contiene una enzima conocida como papaína. Esta exudación se efectúa practicando una incisión en la corteza del fruto. Los mejores frutos se cultivan en alturas de 600 metros o más, no importa en qué lugar del mundo.

La papaína se obtiene haciendo arañazos en la corteza del papayo hasta obtener el líquido lechoso que se llama látex.

Se realizan 6 arañazos cada 15 días para la obtención óptima de la enzima. Los arañazos se hacen de 0.2 cm de profundidad y a una distancia de 1.25 cm, se hacen los días 1, 3, 6, 9, 12 y 16. El rendimiento es del orden de 200 kilogramos por hectárea.

Los arañazos no deben hacerse con un cuchillo metálico aunque la recolección se realiza en bandejas de aluminio.

El látex de la papaya es un fuerte irritante, la planta se defiende en esta forma. Es un agente hiperalérgico, por lo que se hace necesario llevar guantes cuando se trabaja con él.

La papaína se extrae practicando una incisión en la corteza del fruto, con ayuda de un cuchillo no corrosivo; es necesario el material anticorrosivo del cuchillo para evitar la acción corrosiva del jugo sobre el metal.

De cada incisión se obtiene un jugo lechoso de color blanco durante un promedio de siete segundos, después empieza a coagular y cicatriza.

Este coagulado también se recoge y se seca con aire caliente o al vacío, libre de polvo adulterante o de cualquier materia extraña.

Esa migaja seca de papaína se muele entonces hasta convertirla en un polvo muy fino, que es la fuente de todos los compuestos de papaya. Las semillas del fruto maduro y las hojas también se usan, moliéndose una vez que están secas hasta convertirlas en un polvo para usarlo en los compuestos.

¿Qué son las enzimas?

Las enzimas son sustancias orgánicas especializadas, compuestas por polímeros de aminoácidos, que actúan como catalizadores en el metabolismo de los seres vivos.

Ser un catalizador significa que rompen cadenas de sustancias, en este caso, orgánicas, sin verse afectadas ellas mismas por el proceso químico.

Con su acción, regulan la velocidad de muchas reacciones químicas implicadas en este proceso de metabolizar los alimentos.

El nombre de enzima, fue propuesto en 1867 por el fisiólogo alemán Wilhelm Kühne (1837-1900), deriva del griego *en*-en y *zimê* fermento.

En la actualidad los tipos de enzimas identificados son más de 700.

Las enzimas se clasifican en varias categorías: hidrolíticas, oxidantes y reductoras, dependiendo del tipo de reacción que controlen. Las enzimas hidrolíticas aceleran las reacciones en las que una sustancia se rompe en componentes más simples por reacción con moléculas de agua. Las enzimas oxidativas, conocidas como oxidasas, aceleran las reacciones de oxidación, y las reductoras las reacciones de reducción en las que se libera oxígeno. Otras enzimas catalizan otros tipos de reacciones. Las enzimas proteolíticas, por ejemplo, rompen las cadenas de aminoácidos que forman las proteínas.

Las enzimas se denominan añadiendo asa al nombre del sustrato con el cual reaccionan. La enzima que controla la descomposición de la urea recibe el nombre de ureasa; aquellas que controlan la hidrólisis de proteínas se denominan proteasas. Algunas enzimas como las proteasas tripsina y pepsina, conservan los nombres utilizados antes de que se adoptara esta nomenclatura. Lo mismo ocurre con la papaína y la quimiopapaína, cuyos nombres también son papainasa y quimiopapainasa.

Las propiedades enzimáticas, como propuso el químico sueco Jöns Jakob Berzelius, en 1823, son catalizadores típicos: son capaces de acelerar la velocidad de reacción sin ser consumidas en el proceso.

Algunas enzimas, como la papaína, la pepsina y la tripsina, que intervienen en la digestión de las proteínas de la carne, controlan muchas reacciones diferentes, mientras que otras como la ureasa, son muy específicas y sólo pueden acelerar una reacción. Otras liberan energía para la contracción cardiaca y la expansión y contracción de los pulmones. Muchas facilitan la conversión de azúcar y alimentos en distintas sustancias que el organismo precisa para la construcción de tejidos, la reposición de células sanguíneas y la liberación de energía química para mover los músculos.

Las enzimas son muy eficaces. Cantidades pequeñas de una enzima pueden realizar a bajas temperaturas lo que podría requerir reactivos violentos y altas temperaturas con métodos químicos ordinarios. Por ejemplo, unos 30 g de pepsina cristalina pura son capaces de digerir casi dos toneladas métricas de clara de huevo en pocas horas.

La cinética de las reacciones enzimáticas difiere de las reacciones inorgánicas simples. Cada enzima es específica de forma selectiva para la sustancia sobre la que causa la reacción, y es más eficaz a una temperatura determinada. Aunque un aumento de la temperatura puede acelerar una reacción, las enzimas son inestables cuando se calientan. La actividad catalítica de una enzima está determinada sobre todo por su secuencia de aminoácidos y por la estructura terciaria, es decir, la estructura de plegamiento tridimensional de la macromolécula.

Como norma, las enzimas no atacan a las células vivas. Sin embargo, tan pronto muere una célula, ésta es digerida por enzimas que rompen sus proteínas. La resistencia de las células vivas se debe a la incapacidad de las enzimas de atravesar la membrana celular mientras las células tienen vida. Cuando la célula muere, su membrana se hace permeable y la enzima puede penetrar en la célula y destruir las proteínas en su interior. Algunas células contienen también enzimas inhibidoras, denominadas antienzimas, que evitan la acción de una enzima sobre un sustrato.

Debemos recordar esta propiedad, pues será importante para comprender por qué las enzimas que contiene el látex de la papaya puede funcionar como un bisturí biológico que no causa lesiones.

Entre los usos prácticos de las enzimas, la fermentación alcohólica ocupa uno de los primeros lugares, así como otros procesos industriales importantes que dependen de la acción de enzimas, sintetizadas por las levaduras y bacterias empleadas en el proceso de producción. Algunas enzimas se utilizan con fines médicos. En ocasiones son útiles en el tratamiento de zonas de inflamación local; la tripsina se emplea para eliminar sustancias extrañas y tejido muerto de las heridas y quemaduras. Lo mismo ocurre en nuestros días con la papaína, muy parecida a la pepsina que produce nuestro organismo para digerir lo que comemos.

La papaína se emplea en farmacéutica para producir medicamentos contra los parásitos intestinales, así como para disolver coágulos sanguíneos y ciertos tumores.

Pero ésa no es la única industria que aprovecha la papaína; también sirve para aclarar cervezas, elaborar ablandadores para preparar las pieles en las tenerías, fabricar cosméticos que desmanchan la piel, y para producir blanqueadores y detergentes para la ropa.

La mayoría de estas propiedades ya era conocida por los habitantes del sur de México y de Centroamérica desde épocas muy remotas; los españoles aprendieron de ellos que la carne y el pescado se ablandaban con facilidad si se les envolvía en hojas y cáscaras de papaya durante una noche.

También observaron que las indias usaban las hojas con todo y tallo para lavar la ropa, cosa que se sigue haciendo hoy día en sitios donde escasea el jabón y abundan los papayares.

¿Qué es la papaína?

Como hemos visto, en medicina la papaína es eficaz en los tratamientos de la dispepsia y otros trastornos digestivos así como en la preparación de medicamentos antihelmínticos. Esta enzima tiene también la propiedad de disolver los coágulos sanguíneos y tumores en el cuerpo humano.

A continuación reproduzco algunas definiciones enunciadas por ciertas autoridades mundiales:

WEBSTER'S INTERNATIONAL DICTIONARY:

Una enzima proteolítica que se encuentra en el jugo del fruto verde de la papaya, y que aparentemente tiene una acción intermedia entre la pepsina y la tripsina. La preparación comercial, usada como digestivo, es un polvo grisáceo parecido a la pepsina.

NEW STANDARD DICTIONARY:

Un compuesto de prótidos, parecido a la tripsina del jugo pancreático, contenido en la leche del fruto Papaw (papaya).

ENCYCLOPEDIA BRITANNICA:

El fruto, al igual que otras partes de la planta, contiene un jugo lechoso en el cual está presente un principio activo conocido con el nombre de papaína. Esta enzima es muy parecida a la pepsina por su acción digestiva, y se emplea en la preparación de diversos remedios.

AMERICAN PEOPLE'S ENCYCLOPEDIA:

Un fermento digestivo que se aísla del jugo del fruto semimaduro del árbol tropical *Carica papaya*. En las Indias Occidentales el jugo se emplea para ablandar la carne. La papaína es un polvo grisáceo, soluble en agua y glicerina, insoluble en alcohol, éter y cloroformo. Disuelve la fibrina o la albúmina con más facilidad que la pepsina, y en soluciones alcalinas, neutrales y ácidas. Se emplea para tratar ciertas formas de dispepsia, como solvente en los casos de falsa membrana del crup y la difteria, y en la gastritis y la diarrea infantil. Se vende en polvo y en forma de tabletas y también como un glicerol. (Nueva York: Grolier).

THORP'S DICTIONARY OF APPLIED CHEMISTRY:

Un fermento digestivo vegetal que se obtiene del fruto sin madurar de la *Carica papaya* y que se usa como una alternativa de la pepsina, de la cual difiere porque es activa en condiciones neutrales y alcalinas. Al fruto semimaduro, cuando se le practica una incisión, exuda una gran cantidad de jugo lechoso que al secarse forma un polvo. El nombre de "papaína" por lo general está restringido al fermento puro combinado con una sustancia proteínica, y se obtiene mediante una precipitación con alcohol, y separando la materia albuminosa por medio de un acetato básico de plomo.

En las Indias Occidentales el fruto del árbol del papayo se ha empleado durante largo tiempo como ablandador de carnes... es probable que su acción dependa del hecho de que la papaína posee una acción disolvente, no sólo sobre las fibras musculares, sino también sobre el tejido conectivo. Disuelve la fibrina y la albúmina en soluciones neutrales y ligeramente alcalinas. (Londres).

SAJOUS ANALYTIC CYCLOPEDIA OF PRACTICAL MEDICINE:

Papaína, preparación del fruto de la *Carica papaya*. El jugo se recoge mediante incisiones practicadas en el fruto cuando éste casi ha alcanzado su tamaño normal. La actividad de la enzima, a pesar de que se inhibe con el alcohol, se destruye con menos facilidad con las glicerinas, el ácido salicilico, etcétera, que la pepsina; y se han empleado esos productos para su preservación. El jugo seco se conoce con el nombre de papiode. Es posible obtener una gran cantidad de la sustancia inerte de la papaya mediante la extracción con agua y la precipitación del extracto filtrado por medio del alcohol; este precipitado se conoce con el nombre de papaía, papayotina o caricina, que es una enzima semejante a la pepsina, pero que actúa en soluciones alcalinas, ácidas o neutrales, y su presentación es en forma de polvo de color blanquecino, ligeramente hidroscópico, soluble en agua o glicerina, pero insoluble en alcohol, éter o cloroformo.

Usos terapéuticos:

Internamente se emplea mucho en el tratamiento de la indigestión, ya que transforma a los prótidos en peptonas y albumosas gracias a su poder proteolítico, y se ha descubierto que es de gran valor tanto en la indigestión ácida como en la intestinal. (Filadelfia; EE UU).

MERCK'S INDEX:

Papayotina. Papaína vegetal. Del jugo del fruto y las hojas de la *Carica papaya*. Contiene enzimas semejantes a la pepsina, pero que actúan en medios ácidos, neutrales y alcalinos. La potencia de la papaína comercial varía de acuerdo con el proceso de preparación, etcétera. La graduación usual disuelve alrededor de 35 veces su peso de carne magra. Se pretende que las mejores graduaciones pueden solubilizar de 200 a 300 veces su peso de albúmina coagulada de huevo en un medio alcalino.

Su uso: ayuda a la digestión en la dispepsia crónica y en la fermentación gástrica. Dosis: 0.1.3 gramos, de 2 a 5 granos.

CAPÍTULO QUINTO

La papaya, fruto milagroso

En el mundo médico: enzimas poderosas

En los últimos años, la investigación sobre la química enzimática ha permitido aclarar algunas de las funciones vitales más básicas. El uso médico de las enzimas está ilustrado por la investigación sobre la Lasparaginasa, que se piensa es una herramienta importante para el tratamiento de la leucemia; se ha descubierto que las dextrinasas pueden prevenir la caída de los dientes, y que las alteraciones enzimáticas están ligadas a enfermedades como la fenilcetonuria, la diabetes, la anemia y otros trastornos sanguíneos.

Empíricamente desde hace siglos, los habitantes de América tropical ya habían descubierto muchas de las fascinantes cualidades de las enzimas de la papaya: la papaína y la *quimiopapaína*. La papaína, por ejemplo, era utilizada para sanar las heridas infectadas.

Tiempo después —mucho antes del descubrimiento de la penicilina— estas mismas enzimas fueron utilizadas con éxito para disolver la falsa membrana que se forma en la garganta durante la difteria.

En el mundo de la medicina, la acción enzimática contenida en el jugo lechoso de la corteza del fruto aún verde, siempre que se requiere un auxiliar para la digestión, es un eficaz auxiliar. Muchos fabricantes de productos farmacéuticos ofrecen tabletas digestivas y soluciones para usarse en caso de indigestión. Todos esos productos contienen papaína, ya que ésta actúa en medios ácidos, alcalinos o naturales.

Algunas de las tabletas que se usan en los casos crónicos de mala digestión actúan también sobre el hígado y la vesícula biliar. En otras palabras, son activas en todo el sistema digestivo, incluyendo las glándulas salivales, el estómago, el duodeno, los intestinos, el hígado y la vesícula biliar, e incluso actúan sobre la flora bacteriana del colon descendente en ciertos casos de colitis.

Pero no sólo esto.

Desde el punto de vista de la medicina, la papaína tiene numerosas aplicaciones. A principios del siglo XVII, se empleó por vez primera en el tratamiento de la dispepsia crónica.

Intentaron su empleo para disolver la falsa membrana de la difteria, y tuvo bastante éxito; esta aplicación y su uso en los padecimientos digestivos fueron ideales.

También se intentó con éxito en los casos de diarrea crónica en los niños, y se descubrió que una dosis elevada de papaína administrada durante el embarazo ocasionaba el aborto.

Se convirtió en un tratamiento establecido en los casos de úlceras duodenales y estomacales, y se usó una pasta preparada con papaína en el tratamiento de las lombrices, con resultados positivos.

Las enzimas de la papaya son algo especiales. Una de las propiedades más interesantes de la papaína es su capacidad para digerir proteínas (por eso se dice que es proteolítica), pero como otras enzimas de su tipo, sólo interviene en las células muertas. En el cuerpo humano existen otras enzimas que ejercen esta misma función y hacen posible así la digestión de los alimentos. Sin embargo, éstas están subordinadas a la presencia o ausencia de un medio ácido. La *pepsina*, por ejemplo, enzima proteolítica componente de los jugos gástricos, sólo es activa en un medio ácido. En el extremo opuesto se encuentra la tripsina (otra enzima digestiva), que actúa únicamente en un medio alcalino, es decir, de bajo contenido ácido. Las enzimas de la papaya, en cambio, actúan indistintamente en medios ácidos, neutros o alcalinos.

Esta versatilidad les confiere una gran importancia en casos de úlcera gástrica, pues la alcalinización del estómago forma parte del tratamiento. El estómago produce ácidos para digerir las proteínas, pero al formarse una úlcera, estos ácidos se tornan peligrosos pues pueden digerir las paredes del estómago y perforarlo. Por eso, la alcalinización es necesaria, ya que únicamente los alcalinos contrarrestan los ácidos y forman sales. Pero esto último transforma en inactivas las enzimas estomacales y la digestión se perturba. Por esta razón, la papaína ingerida en forma de té, ha resultado de mucha utilidad para quienes padecen de úlcera gástrica, pues les ayuda a digerir las carnes y otros alimentos proteicos.

Veamos la receta más sencilla de un té de hojas de papaya:

Se mezclan dos hojas de papayo. De preferencia estas serán frescas. Si en su localidad no se consiguen hojas frescas, entonces busque aquellas que hayan sido desecadas por medio del método del té oriental, asegurándose que en la composición química aparezca "papaína: contenido mínimo 2%"

Mezcle las hojas y tritúrelas con unas ramas de hierbabuena.

Hierva en medio litro de agua.

Se obtiene una sabrosa infusión.

Según dicen quienes lo han utilizado en caso de gases, dispepsia o úlcera gástrica, obra maravillas por su notable acción estomacal.

Hace muchos años se investigó el té de papaya, porque se encontró que la hoja verde y seca mostraba en el análisis un promedio del dos por ciento de papaína, y tenía un alto contenido de clorofila natural (hasta el grado de 240 miligramos por gramo de la hoja en polvo). Esos dos aspectos solos fueron de un valor considerable, pero las infusiones de la hoja seca y cruda no mostraron un resultado apreciable. Es decir, cuando se derramaba el agua hirviendo sobre la hoja, solamente había una pequeña infusión de los valores en el agua del té, de manera que se efectuaron algunas investigaciones para procesarla. Guiándose por el proceso empleado en las plantaciones de té orientales, se intentó el método de fermentación con la hoja cruda. Este proceso descompuso las células de las partículas de las hojas, liberando los valores hacia la superficie de dicha hoja. De manera que cuando se deshidrataba esa masa húmeda y fermentada de hojas, permanecían sellados en el exterior de la hoja, y cuando se preparaba la infusión con agua hirviendo, esos valores pasaban libres al té líquido y quedaban disponibles para el bebedor de té. Entonces esa hoja de papaya ya procesada se convirtió en un verdadero té, y la infusión tenía un alto contenido de papaína y clorofila en las gomas, resinas y ceras. Ese producto se clasificó como "té pap", y garantiza un té de un colorido y aroma muy ricos y un sabor aromático, ligeramente dulzón. Las infusiones de ese té ayudaban a la digestión y eran un excelente aperitivo.

Mediante pruebas clínicas, llegó a convertirse en una bebida que ayuda a dejar de fumar. Si se ingiere con regularidad, acompañando a los alimentos y excluyendo toda clase de bebidas alcaloides, como el té y el café, con el tiempo el té-pap produce un efecto similar al uso de la nicotina y disminuye el deseo de fumar que siente el fumador.

La razón por la que el té y el café deben excluirse en este tratamiento, es porque los alcaloides cafeína y teína contenidos inducen el deseo de fumar.

En el organismo, cada enzima tiene un propósito específico, y la digestión no es la excepción. Algunas de ellas, por ejemplo, nos sirven para digerir las proteínas; otras, las grasas, y otras más, los carbohidratos. Sin embargo, la papaína rompe con todas las reglas, ayuda indistintamente a digerir los tres grupos de alimentos mencionados. Por eso es un digestivo maravilloso.

La papaína solamente digiere las proteínas de los tejidos muertos. Es completamente inactiva frente a los tejidos vivientes, esto se debe a que las células se protegen con una membrana exterior que las vuelven inmunes a los efectos de las enzimas mientras están vivas, las reacciones de oxidación que permanentemente se realizan en el tejido vivo impide actuar a la papaína o a otras enzimas en forma peligrosa. Al morir, la membrana se vuelve permeable y las enzimas pueden corroerla.

Esta asombrosa propiedad de desintegrar los tejidos muertos sin afectar a los vivos le ha valido el nombre a la papaína de bisturí biológico. Pues muchas veces hace innecesarias las operaciones cruentas para extirpar tejidos muertos.

La papaya pasó de humildes expendios en los mercados a ocupar un sitio de privilegio en las mesas de los laboratorios científicos más prestigiados. Objeto de investigación y estudio, especialmente en la medicina.

En Francia, estudios en la escuela de la Universidad de Burdeos, mostraron a los asombrados científicos las propiedades de la papaína contra la osteomelitis. Las fístulas. Las heridas infectadas. Eficaz en fracturas expuestas.

Desde hace siglos, los habitantes de América Latina conocen las propiedades de la papaína para neutralizar en forma efectiva las toxinas del tétanos y la difteria. Aunque las investigaciones científicas en este sentido continúan su avance.

Lo cierto es que en una infección, la enzima licúa y desintegra el pus, lo desaloja del sitio donde se formó y limpia internamente la lesión.

Pero todavía hay más. En los Estados Unidos, después de aquel odio irracional a la papaya, por el supuesto temor de que en ellas podía introducirse la mosca de la fruta del Mediterráneo, lo que quedó plenamente descartado, los investigadores encontraron en la papaína por lo menos catorce aplicaciones rutinarias, para diferentes padecimientos.

Es un antihelmíntico eficaz, esto quiere decir que acaba con las lombrices intestinales.

Es antidiarreico en niños pequeños.

Las investigaciones acerca de las virtudes en la fecundidad y en la esterilidad siguen su curso. Se le emplea para corregir cierto tipo de esterilidad de la mujer provocada por la inflamación de la mucosa uterina. Pero en la India se la emplea como un eficaz anticonceptivo.

La semilla del fruto maduro, ya sea en polvo o en grano, tiene un alto contenido en vitamina C, que aparece en el aceite de la semilla y que también es un auxiliar para la digestión. Administrada en una mezcla de miel o jarabe, es bastante efectiva en el tratamiento de las llamadas lombrices intestinales y otros ascárides que los niños padecen con frecuencia. También se ha usado con muy buenos resultados en animales enfermos de lombrices, sobre todo en los perros.

Uno de los efectos terapéuticos más asombrosos fue realizado por el doctor Phillip Pollack, quien usó crema de papaína para combatir las hemorroides externas. El uso de papaína vuelve innecesaria la intervención quirúrgica.

Como dije, no sólo tendrá efectos benéficos en el aparato digestivo, sino que se investiga el uso de papaína para disolver trombos en el sistema circulatorio. Además, la papaya posee tónicos cardiovasculares que nos ayudan a vivir más y mejor si hacemos de su consumo un hábito diario.

En la Universidad de Chicago se realizó un experimento cuyos resultados fueron tan asombrosos que el Instituto Mexicano del Seguro Social adoptó el método como parte de su práctica médica. Al emplear papaína en discos vertebrales dislocados, se obtuvo resultados sorprendentes.

Los cartílagos de las vértebras obran como amortiguadores y reducen o eliminan la presión entre los discos, cuando alguno de estos discos vertebrales se sale de su sitio, presiona los nervios y causa intensos dolores.

Pero al aplicar inyecciones de papaína en forma local y controlada por medio de rayos equis y ultrasonido, el dolor y las molestias desaparecen con rapidez, pues esta enzima desintegra el núcleo del disco y el área afectada o necrosada, suprime la presión y con ello elimina el dolor.

El primer informe sobre la sorprendente aplicación de una solución de quimiopapaína en forma de inyección hipodérinica en el disco suave de la columna vertebral de pacientes que sufrían el dolor de un disco herniado a fin de aliviar ese dolor, se publicó en *Los Angeles Times*. Un informe sumamente interesante donde el doctor Max Negri, de Long Beach, California, cirujano ortopedista del Memorial Hospital, detalla cómo aplicó este tratamiento y tuvo éxito en el 88 por ciento de los casos de los pacientes que sufrían este dolor. El doctor Negri pretendía que no afecta otros tejidos si se inyecta accidentalmente en el líquido espinal, en vez de hacerlo en la sustancia gelatinosa del disco. Sin embargo, el doctor sí reconoció que la dosis inyectada en el líquido espinal de los animales de laboratorio podría ser fatal. Y, de hecho, una dosis mal administrada provocará trombosis por coagulación de la sangre en los vasos, al precipitarse por la acción de las enzimas, y puede causar la muerte. Por eso, es un tratamiento muy efectivo, pero sólo en manos de especialistas.

En la actualidad, los cirujanos la administran a los pacientes preoperatorios, en forma de una tableta que contiene papaína, una o dos horas antes de la operación, ya que controla el flujo sanguíneo, lo que es de suma utilidad durante la operación.

Y también, en los casos posoperatorios cuando la herida no cicatriza con rapidez. Se aplica alrededor del borde externo de la herida y su efecto curativo ayuda a la granulación de la herida.

Algunas autoridades han empleado una solución de papaína, inyectándola en los tumores cuando se trata de un caso de crecimiento canceroso, y se ha descubierto que tiende a suavizar el tumor.

El doctor Herbert F. Traut, profesor de obstetricia y ginecología de la Escuela de Medicina de la Universidad de California, llevó a cabo un descubrimiento de suma importancia hace algunos años, usando una solución de papaína para el diagnóstico del cáncer. En los padecimientos femeninos, se ha usado una solución de papaína para tratar ciertos casos de leucorrea, debido a su acción benéfica cuando se administra en forma de ducha. En la India desde hace muchos años la emplean como anticonceptivo. En la actualidad, en Estados Unidos se está investigando esta pretensión.

Hace algunos años, un médico canadiense usó sesenta partes de polvo de urca mezclado con quince partes de papaína y veinticinco de ácido bórico en una solución de agua esterilizada, administrándola en el oído, dejando que circulara por el conducto auditivo. La papaína disolvió la supuración, sin irritar ni destruir el tejido. También recomendó el uso de esa solución en el tratamiento de casos de infección en los senos maxilares.

Algunos médicos han empleado la papaína en polvo en las tonsilectomías, aplicándola en los bordes de la herida dejada por la extracción de las anginas. Se demostró que ayuda a disolver el exceso de mucosa alrededor de los bordes, y eso ayuda a la cicatrización.

La profesión dental ha usado una solución de papaína, inyectándola a través de unos tubos en el tratamiento de la piorrea, ya que su acción disolvente sobre la supuración nociva de los dientes infectados con piorrea es bastante efectiva.

En forma de compuesto en polvo, ha tenido mucho éxito como polvo dental, y en este caso es un excelente agente limpiador, con un efecto curativo sobre las lesiones abrasivas del tejido de las encías. Y una vez más, en este aspecto las investigaciones han desarrollado justamente la combinación adecuada de ingredientes que se mezclan con la papaína.

En la medicina herbolaria se toma como té un cocimiento de hojas de papayo para combatir el asma y los males del pecho. Una mezcla de dos cucharaditas en un vaso con agua caliente y tomada a intervalos de seis horas, alivia la molestia en un lapso de tiempo breve si se aplica con prontitud en el momento de un ataque.

Se le emplea para combatir las lombrices intestinales. Para ello, se toma en ayunas el jugo lechoso que se extrae del fruto verde, las hojas y el tronco, revuelto con leche o agua de hierbabuena.

Hoy la papaya verde en extracto, mezclada en coctel, ha ganado popularidad como remedio para reducir los efectos de la comúnmente conocida "cruda".

En el mundo de la belleza

Las mujeres del Nuevo Mundo hacían una pasta con la cáscara molida de la papaya y la usaban a manera de mascarilla con el fin de conservar el cutis limpio y libre de imperfecciones.

Las manchas y las pecas de la piel también se disolvían mediante su aplicación directa sobre la piel. Las cremas faciales que contienen papaya producen resultados semejantes sobre las manchas de la piel y las pecas ocasionadas por los poderosos rayos solares.

Se usaron con gran éxito las aplicaciones constantes para el tratamiento del eczema crónico, y durante continuas aplicaciones clínicas, también se descubrió que tenía una excelente acción curativa en diversas lesiones tales como las ocasionadas en los casos de sífilis que aparecen en la lengua y la garganta.

Su uso en la preparación de cremas faciales se sugirió por primera vez al observar a las mujeres nativas del trópico frotarse el jugo natural en el rostro, pues tiene un efecto suavizante, a la vez que es un excelente agente limpiador. De manera que cuando se investigó científicamente, su introducción en la preparación de cremas faciales produjo los mismos resultados.

También tiene un efecto disolvente en las pecas y todo tipo de manchas ocasionadas por el sol.

Limpia los poros de la piel de los residuos de maquillaje y otras acumulaciones, al mismo tiempo que tiene un efecto suavizante.

La aplicación de una solución de papaína en las cremas faciales ha dado resultados maravillosos como agente limpiador, suavizante, humectante y para quitar las manchas y pecas debidas a la acción de los rayos solares. Esto no se aplica a todas las fórmulas de cremas faciales. En este aspecto, es muy importante la investigación para desarrollar un compuesto que tenga una afinidad con la papaína. El investigador necesita tener mucha experiencia en la enzimología, como sucede en el estudio de la papaya. La experiencia dicta que no es muy practicable el uso de una solución de papaína en las lociones, puesto que en este caso es necesario el uso de un preservativo, porque la papaína actúa sobre sí misma, cambiando el compuesto. Si se emplea un preservativo de alcohol, eso retardará la acción. A lo largo de los años, se han introducido algunos productos, pero después desaparecieron, debido a esta razón.

Otras aplicaciones de la papaína

En la industria, la papaína es un elemento muy solicitado.

Se la emplea para clarificar la cerveza.

En la fabricación de ablandadores de carne.

Para reblandecer cueros en las tenerías.

Y, entre otros usos, en la fabricación de detergentes o blanqueadores para lavar ropa.

La papaína se usa comercial e industrialmente en diversas aplicaciones. La más común es en los compuestos ablandadores, tanto en solución líquida como en polvo.

Al principio, los ablandadores se fabricaban en soluciones acuosas con un preservativo de alcohol, pero 'más adelante cambiaron a un preservativo salino, pues se descubrió que el alcohol tenía un efecto retardador sobre la acción del ablandador, mientras que el preservativo salino ofrecía una mayor rapidez de la acción digestiva. Esto se debe a que la sal es un agente catalizador para la papaína, que desencadena y apresura su acción. Con el compuesto en polvo se emplea el seis por ciento de sal, que actúa como catalizador y hace innecesario ningún preservativo. Debido a la lentitud de la papaína para disolverse en una solución acuosa, se introdujo un agente dispersante en forma de edulcorante vegetal. De esa manera, el polvo se diluía más rápidamente en agua tibia.

Durante largos años se ha usado en el curado de este fermento, después de la preparación de la malta, el lúpulo, el azúcar y la levadura. A este compuesto de papaína y lupulina (el ingrediente activo del lúpulo), se le clasificó como agente clarificante o factor de graduación de enfriamiento. Este compuesto disolvía los almidones no descompuestos del mosto, disociándolos y precipitándolos. De esa manera, la cerveza se

estabilizaba en diez días, en contraste con el antiguo
sistema de curado en tanques de viruta, empleando
viruta de abedul, que se llevaba alrededor de seis meses para la graduación del enfriamiento. En la actualidad, prácticamente todos los fabricantes de cerveza
en todo el mundo, emplean este nuevo método con el
compuesto de papaína, que se añade al mosto en forma de polvo. Antiguamente, casi todas las cervecerías
contaban con grandes bodegas con tanques de viruta.
La cervecería inglesa de Burton-on-Tyne, en las márge-
nes del río Tyne, fue la primera en experimentar esta
fórmula, y como ya hemos dicho, poco tiempo después,
los cerveceros alemanes empezaron a emplearla.

Durante muchos años se ha usado un ablandador
en polvo, cuya aplicación más eficiente es una mezcla
de polvo disuelto en agua tibia, que se unta sobre la
superficie de la carne justamente antes de freírla. Con
los trozos gruesos de carne, o cuando se trata de un
asado, es necesario hacer algunas perforaciones en la
carne con ayuda de un tenedor, untar la solución y
después dejar que repose en el horno tibio durante
treinta minutos antes de cocinarlo. La acción
ablandadora abreviará el tiempo de cocción casi a la
mitad. Ese polvo es igualmente efectivo en el caso de
las verduras, y para ello, debe añadirse al agua en que
se van a cocinar, más o menos dos cucharaditas por un
litro de agua. Los compuestos ablandadores que contienen papaína tienden a actuar sobre los almidones,
así como sobre las proteínas y también tienen ciertos
efectos en las grasas.

También se usa una solución de papaína en el curtido de las pieles, a fin de suavizar los cueros y ayudar a la distribución de la aplicación de ácido tánico necesaria en el proceso del curtido. En el tratamiento primario de la lana virgen se emplea una solución de papaína durante el proceso del cardado, ya que limpia a fondo y revive la lana para el proceso del cardado y tejido.

Una investigación considerable desarrolló un agente detector limpiador a base de un compuesto de papaína. Este producto, la pyozima, disuelve las manchas de sangre en las telas de lana, así como las manchas de bebidas no alcohólicas y de secreciones. En las telas de lana no destruye la fibra y además tiene el efecto de restaurar la fibra de lana.

Los Laboratorios Swift, en Chicago, concibieron la idea de inyectar una solución de papaína en la corriente sanguínea del ganado vacuno para carne, justamente antes de sacrificarlo, con objeto de crear un efecto ablandador en la carne. El resultado fue un agente ablandador efectivo, pero es probable que el animal del experimento hubiese muerto de un ataque cardiaco, de no ser porque fue sacrificado de inmediato. Los carniceros que compraban esos animales, encontraban que especialmente el hígado estaba deshecho y con coágulos.

Aspectos de la papaína como ablandador

La temperatura óptima para la acción de la papaína es de 50 a 60 grados centígrados; sin embargo, no es necesario calentar hasta esas temperaturas para tener una acción adecuada. Incluso a temperatura ambiente, si se la deja trabajar en la carne o en las verduras por espacio de media hora, las ablandará.

Los estadounidenses y los mexicanos, cosa por demás curiosa, pues éramos productores, hace poco más de treinta años, importábamos una solución líquida de papaína con agua destilada y un preservativo de alcohol, que se ofrecía al público como ablandador de carnes.

Era un producto con nombre japonés. Y se ofreció primeramente a los negocios de hoteles y restaurantes, en donde se hicieron demostraciones ante chefs profesionales.

Esa solución se frotaba sobre la superficie de la carne cruda, que después se sazonaba y freía.

También se trataron en la misma forma algunos trozos de carne más grandes, excepto que en ese caso era necesario hacer unas perforaciones con ayuda de un tenedor y frotar la solución, y después la carne se mantenía en un horno precalentado durante unos treinta minutos antes de cocinarla en el horno caliente.

No sólo la carne era más suave, sino que también se encontró que se digería con mayor facilidad, porque ese proceso lograba una predigestión parcial.

Las demostraciones fueron muy reveladoras, ya que se pedía a un chef que escogiera y cortara cualquier trozo de carne de res, que creyera que era realmente duro. Los trozos de la carne del pescuezo se cortaron en forma de bisteces, y cada parte se cortó a la mitad. Una parte se trató con ablandador líquido y la otra no. Ambas se colocaron sobre un asador, no muy cerca una de la otra, y las dos se asaron seis minutos por un lado y después se voltearon y se asaron seis minutos más.

Al probar y comer la carne de esa demostración, los más escépticos quedaron convencidos de la suavidad definitiva de la carne tratada, en tanto que la otra era bastante dura al masticarla. La sazón a cada bistec antes de asarlo ofreció una aplicación absolutamente paralela de calor, con una prueba comparativa.

Los experimentos en los asados, previamente tratados como acabamos de mencionar, fueron igualmente convincentes. El proceso de rebanar la carne una vez cocida, demostró que la carne era más tierna y más completa en la mitad del tiempo normalmente requerido para cortes más grandes.

Más adelante se descubrió que esa solución ablandadora preservada en alcohol, retrasaba la acción ablandadora, así que se sustituyó por sal, lo que mejoró la presentación y además apresuró la acción de la papaína, ya que la sal es un activador o catalizador de la papaína.

Los riesgos de pérdidas por la ruptura de los envases se convirtió en un factor decisivo en el embarque de este producto, así que los japoneses inventaron los frascos de plástico e iniciaron algunos experimentos para convertir ese ablandador en forma de polvo.

Ese polvo requería un agente el uso de agua tibia, pero el producto terminado se solubilizaba con rapidez y la solución se asentaba en cuestión de minutos, dejando la solución activa en la parte superior. Si se frotaba sobre la carne, la acción era más rápida que con el líquido del que hablamos anteriormente.

Se efectuaron algunos experimentos espolvoreando el polvo seco sobre la superficie de una carne seca, pero como prácticamente no había humedad, tampoco había ninguna acción.

Sin embargo, si la carne se sumergía en agua tibia durante diez minutos antes de espolvorearla, se tenían resultados satisfactorios.

Por lo que si se le añadía una pequeña cantidad de sal al compuesto, no más de un 5 por ciento, como catalizador para apresurar la acción el polvo prestaba un excelente servicio.

Con los asados o los cortes más grandes, era necesario hacer algunas perforaciones con ayuda de un tenedor, frotando después el polvo y dejando que el trozo de carne reposara en un horno precalentado durante treinta minutos antes de asarlo o de hornearlo.

Se encontró que el polvo tenía la misma efectividad en los vegetales o con cualquier almidón o carbohidrato, y también se descubrió que su efecto es notable con las grasas, haciéndolas más fácil de digerir y manteniendo muy baja la asimilación de colesterol en el aparato digestivo del ser humano.

Esto es muy importante para quienes llevamos una alimentación vegetariana, pues sabemos que los elotes, las papas o a veces algún tipo de calabazas tardan una enormidad en cocerse para quedar tiernos. Pruebe la papaína como ablandador y conocerá resultados sorprendentes.

El polvo hoy se encuentra en paquetes de medio kilo, el cual se mezclaba con especias y se vende con diversos nombres comerciales.

No obstante este inventario tan voluminoso de aplicaciones médicas, alimenticias e industriales de la papaína que se han descubierto durante los últimos cien años, se tiene la impresión de que todavía quedan por descubrirse otras fórmulas aún más maravillosas. Por ejemplo, hace pocos años, apareció en la publicación *Science* el informe de un descubrimiento efectuado en la ciudad de México por el doctor Castañeda un renombrado investigador catalán, después de descubrir una planta mexicana en el estado de Yucatán, la cual producía una leche de color blanco cuando se practicaba una incisión en la corteza, y que era un látex muy parecido a la papaína que se obtiene de la *Carica papaya*. Este látex contiene una enzima con grandes poderes digestivos, y la planta, a la que bautizó con el nombre de *Pileus mexicanus*, sugirió que se la podía añadir a la familia de la papaya. El doctor Castañeda efectuó estas investigaciones en el laboratorio de la Escuela Nacional de Ciencias Biológicas del

Instituto Politécnico de la ciudad de México, una institución auspiciada por el gobierno mexicano. Poco tiempo después se publicaron el descubrimiento y los experimentos que le siguieron. Y todo parece indicar que la historia de las papayas continuará, siempre y cuando no terminemos por destruirnos a nosotros mismos, cuando cortemos el último de los árboles de la selva húmeda tropical...

Una advertencia

Este breve capítulo acerca de los fraudes, las informaciones erróneas y cosas por el estilo, es sencillamente una advertencia al lector, para que no se deje llevar por falsas pretensiones, o por pretensión económica de gente sin escrúpulos que únicamente lucra con la ignorancia.

En el transcurso de los últimos años se ha difundido gran abundancia de información errónea, sobre todo de labios de algunos oportunistas que poseen un conocimiento superficial del tema.

Por ejemplo, un director de publicidad de una empacadora de jugos y pulpa de Florida, publicó una historia en la que declaró que fue Marco Polo quien descubrió la papaya en Oriente y que, posteriormente, Vasco de Gama también la llevó a América; pero esto es un error, puesto que en esa época la papaya todavía no se conocía en Oriente.

Es más probable que dichos exploradores se refirieran al durián, fruto de la familia de la papaya, el cual contiene una enzima de una actividad semejante a la de la papaína y que es nativo de la península Malaya, adonde viajaron los exploradores mencionados.

Por su medio ambiente romántico, numerosos especialistas en nutrición han hablado de la papaya, pero con frecuencia sus conocimientos científicos son mínimos y se sienten inclinados a concederle virtudes que no posee.

Por ejemplo, uno de esos conferencistas se dedicó a promover un jabón que pretendía ser benéfico para la cicatrización, ya que contenía papaya.

Ese jabón era un buen agente limpiador, pero si en su composición alguna vez hubieran introducido la papaya, habrían destruido su valor en el momento de la fabricación del jabón, debido al intenso calor al que se sometía el compuesto.

En Internet existe toda clase de información incorrecta, además de, por supuesto, datos muy valiosos. En una de tantas páginas que puede hallarse con sólo solicitar en algún buscador como ¡Yahoo!, Altavista u otro similar la palabra "papaya", veremos que según esta señora, las flores de la papaya "refuerzan en las relaciones el amor espiritual entre sí, aclaran confusión mental y tensiones. Estimulan habilidades psíquicas. Y su perfume es muy valioso".

¿Usted lo cree?

Productos elaborados que contienen papaya

Uno de los primeros productos que se fabricaron usando la papaína, fue el Caroid, que empleaba el jugo lechoso de la cáscara del fruto de la *Carica papaya* cuando aún está verde, y que fue inventado por la American Ferment Company, de Canadá. El Caroid era un compuesto de papaína y un excipiente, una medicina de patente que solamente se vendía con receta médica, de manera que los manejaban exclusivamente las farmacias. Se la empleaba en tratamientos contra padecimientos estomacales.

Probablemente reconocerán a la Sterling Drug Company, la compañía que fabricó y distribuyó en los Estados Unidos productos como la aspirina Bayer y la leche de magnesia de Phillips. Esta empresa vendió muchos otros compuestos líquidos que contienen papaína, prescritos por la profesión médica para el alivio de la indigestión.

A principios de 1934, una empresa en Loveland, Ohio, llamada Tendra Kitchens, puso a la venta uno de los primeros ablandadores de carnes, al que llamaron Tendra y se vendía principalmente a los negocios como cafeterías, restaurantes y hoteles que servían alimentos. La distribución estaba a cargo de agentes personales, que visitaban esas instituciones. El producto se vendía bien, y la solución de papaína tenía un preservativo de alcohol en grano.

En 1936, los Laboratorios Frenco de Long Beach produjeron una solución similar, a la que llamaron Pyoten, un ablandador de solución de papaína con preservativo de alcohol. Ese fue el tercer producto producido por ese laboratorio. El primero se produjo en 1931, y era una tableta digestiva llamada Pap Tabs, un compuesto de papaína y cinco antiácidos con un absorbente de arcilla, y destinado al tratamiento de padecimientos digestivos más graves de estado crónico. Se ofrecía en forma de una tableta que iniciaba su acción con las glándulas salivales durante el proceso de masticación, revistiendo las paredes estomacales. También era activa en el duodeno, en el colon ascendente, transversal y descendente, en la vesícula biliar y, por supuesto, en el estómago.

El segundo producto fue el Té Pap, un té de hoja de papaya procesado para descomponer las células, liberando así los valores que después quedaban sellados en la parte externa de las partículas de la hoja, y que se liberaban en la infusión, al añadir agua hirviendo a la hoja, igual que como se prepara cualquier té. Esa bebida ayudaba a la digestión, actuando también como aperitivo. Ese té tenía un aroma picante y un sabor parecido al del té chino. Además de su efecto digestivo, era particularmente valioso, pues no contenía ácido tánico ni teína (el alcaloide del té comercial), pero sí, en cambio, contenía una ligera cantidad de carpaína, que es un estimulante cardiaco.

El cuarto producto que elaboró fue una crema facial de papaya, llamada Payacado cream, un excelente limpiador y suavizante de la piel que tenía un efecto disolvente sobre las manchas de la piel ocasionadas por los rayos solares. Era un compuesto de papaína y aceite de aguacate, aplicando la papaína mediante un filtrado en solución. Nunca dejó de venderse, aun sin publicidad.

En 1937, se fabricó el ablandador en polvo New Minute Pyoten. Se encontró que esa fórmula era más práctica y que conservaba su actividad durante un tiempo más prolongado, sin necesidad de un recipiente de vidrio, eliminando así los riesgos de la ruptura del envase.

Otro producto que emplea papaína en polvo en una dosis de seis cucharaditas al día, disueltas en agua caliente, se documenta como alivio para ciertos tipos de artritis. Los reportes de su éxito han sido numerosos.

El Tyozyme, es un auxiliar útil en la limpieza de las telas de lana, cuando hay manchas de sangre o de bebidas no alcohólicas. La acción de la papaína en este compuesto tiene un efecto suavizante sobre la fibra de lana y no la debilita ni la rompe, sino que parece renovar la tela.

El polvo dental de papaya tiene una excelente acción limpiadora en los dientes, así como un efecto cicatrizante en las encías adoloridas o lesionadas. También disuelve las partículas de alimento que se quedan adheridas a los dientes y es muy efectivo para disolver el material viscoso que se forma en la saliva.

Otro producto muy efectivo en los casos de indigestión aguda, en forma de una tableta, está compuesto por el polvo de la hoja verde de la papaya con dextrosa, reforzada con dos granos de papaína en polvo. Esa tableta recibe el nombre de Papaya Green Lab, ya que su color es del verde oscuro de la hoja original. No se emplea otro excipiente además de la dextrosa, que se usa para fijar la tableta. Se disuelve fácilmente y su sobredosis no es nociva.

La semilla de los frutos maduros de la papaya se muelen hasta convertirlas en polvo. Son efectivas en casos de disentería amibiana si se toma en el momento de la aparición de los primeros síntomas de un ataque. La dosis es una cucharadita en agua tibia cada tres horas. En dosis semejantes, actúa para acabar con las lombrices, tanto en el ser humano como en los animales. A este producto se le llama Papaya seed, pero cualquier ama de casa puede fabricarlo.

Desde 1970 a la fecha se han desarrollado miles de nuevos productos.

Uno de ellos es una nueva crema para la piel, llamada Maya-papaya, que actúa como limpiadora y humectante.

Uno de los últimos en desarrollarse, es una loción líquida refrescante de la piel.

Quien desee conocer la diversidad de fórmulas, productos y recetas que existen en la actualidad, además de acudir a alguna tienda naturista de prestigio, donde seguramente hallará lo que busca, puede consultar las páginas de Internet, donde encontrará un mundo de información.

Lo invito, por ejemplo, a esta:

http://www.mymenus.com/

Un lugar para aprender a cocinar cientos de platillos cuyo ingrediente central es la papaya. Aquí daré algunas recetas.

Puede visitar la página:
http://www.hort.purdue.edu/newcrop/
duke_energy/Carica_papaya
Donde hallará una amplia documentación sobre el tema.

Una página que cuida la selva húmeda:
http://rain-tree.com/papaya.htm
No deje de ir a visitarla.

En esta página de la red hallará numerosas ligas:
http://137.99.27.105/acc_num/920134.htm

Entre otras interesantes:
http://eddie.mannlib.cornell.edu/instruction/
horticulture/H415/species/papaya/overview/
papaya.html

http://www.novaproj.org/~sambo/papaya.html

http://www2.condenet.com/db/dictionary/
terms/p/papaya.html

http://www.safari.net/~lychee/papaya.htm

De aquí en más, lo dejo librado a su imaginación y navegación. Suerte.

Recuerde que también puede solicitar más información al autor del libro, vía fax: (915) 675-24-32. Por

correo: Hidalgo 55, casa 1. Tepepan. Xochimilco. México Distrito Federal (16020). México o por correo elec-
trónico o e-mail: **gmurrayp@bigfoot.com.**

CAPÍTULO SEXTO

Papaya y salud

Fuente de vitaminas

En los primeros tiempos, varios departamentos de Química de los Estados Unidos afirmaron que la papaya tenía un alto contenido de vitamina A y por consiguiente era una excelente fuente de dicha vitamina. Además, de que también tenía un alto contenido de vitamina C, de la cual también es muy buena fuente, y que asimismo contenía una cantidad regular de vitamina B y fuertes rasgos de vitamina D. Sin embargo, la Administración de Alimentos y Medicinas de Estados Unidos negó esas pretensiones.

La Administración de Alimentos y Medicinas exigió la eliminación de toda mención en cuanto a que la papaya contiene estas vitaminas, aunque nadie sabía la razón por la que seguía actuando en forma tan necia, muchos años después se supo que todo provino por el temor a una pequeña mosca, muy peligrosa para los agricultores, pero habitante de otras frutas, no de la papaya.

Algunos trabajos realizados en Honolulú y en las Indias Holandesas Orientales, indicaban que la papaya era muy rica en vitamina C.

Estas investigaciones decían que era más rica que la naranja, tan valiosa por esta propiedad. Y, también, muy rica en vitamina A. Aunque esta última vitamina es rara en los frutos.

Fue la Estación Agrícola Experimental de la Universidad de Florida una de las primeras en investigar que la papaya contiene vitaminas A y B en cantidades considerables, y es una fuente excelente de vitamina C.

Determinaron que la papaya contiene 2 500 unidades de vitamina A por cada 100 gramos, lo que significa que es una excelente fuente de esta vitamina.

El contenido de vitamina B, es de 8 unidades por cada 100 gramos, lo que significa que la papaya es sólo una fuente regular de vitamina B.

Y de acuerdo con estos experimentos usando conejillos de Indias, la papaya posee 70 unidades Sherman por cada 100 gramos, lo cual quiere decir que es un poco mejor que el jugo de naranja y una excelente fuente de vitamina C.

Los experimentos realizados en ratas, indican que la papaya posee 43 unidades Sherman por cada 100 gramos, y por consiguiente, es una buena fuente de vitamina C.

La papaya es nutritiva, además de deliciosa. Aparte de sus enzimas mágicas, la papaya posee otras sustancias nutritivas de importancia. Es muy solicitada por ser un alimento rico en: vitamina A, que favorece la buena visión y conserva sana la piel y vitamina C, útil para la cicatrización rápida y contra alergias e infecciones. En cuanto a la vitamina C, su riqueza la hace superior a la naranja, la toronja y el limón. De hecho únicamente la guayaba contiene más cantidad de vitamina C que la papaya, es decir, ocupa el segundo puesto.

Contiene abundantes minerales. Es rica en potasio y baja en sodio.

Su bajo contenido calórico la hacen compatible con casi cualquier dieta. Su consumo se recomienda especialmente a las personas biliosas, reumáticas o anémicas. Sin embargo, no es recomendable para los diabéticos debido a su alto contenido en azúcares.

Por su sabor tan agradable y sus cualidades tan nutritivas y digestivas, la papaya es una fruta que pueden paladear chicos y grandes.

La papaya es un excelente depurador del organismo y efectúa un verdadero lavado interno. Ingerida en la noche, al acostarse o en ayunas, en la mañana, es un laxante suave que combate el estreñimiento.

La papaya puede consumirse de muy diversas maneras y siempre es sabrosa. La forma más habitual de comerla es en coctel o en rebanadas, o bien desmenuzada en bebidas y aguas frescas. Cocinada, se prepara como dulce o en riquísima mermelada.

100 g de fruta, aproximadamente una porción, contiene de 25 a 40 calorías, dependiendo de la variedad, las más dulces tienen más calorías. De las cuales, casi la mitad provienen de proteínas vegetales y las restantes de los hidratos de carbono, pues la papaya no contiene grasas. El resto es agua.

CONTENIDO NUTRICIONAL DE LA PAPAYA (Por 100 g.)						
Información Nutricional por ración de 100 g. de papaya madura						
Nutrientes		Vitaminas		% dieta diaria	Minerales	% dieta diaria
Calorías	37	Vitamina A Carotenos	4 000 IU	75%	Potasio	470 mlg.	15%
Grasas	Indicios	Tiamina Vitamina B₁	20 mcg.	20 %	Calcio	40 mlg.	5%
Calorías procedentes de grasas	Indicios	Riboflavina Vitamina B₂	46 mlg.	10%	Fósforo	32 mlg.	2%
Colesterol	Indicios	Niacina (B₃)	0.6 mlg.	25%	Magnesio	Indicios	
Proteína	1.0 gr.	Piridoxina Vitamina B₆	0.1 mlg.	16%	Hierro	0.5 mlg.	2%
Hidratos de Carbono	18.0 gr.	Vitamina B₁₂	0.4 mcg.	84%	Zinc	Indicios	
Fibras	2.0 gr.	Vitamina C	100 mlg.	208%	Selenio	70 mcg.	100%
Sodio	6 mlg.	Vitamina E	3.0 IU	10%	Cobre	0.51 mlg.	25%

mlg. = miligramos

mcg. = microgramos

La fruta de la papaya tiene una cresta de sabor cuando la piel está 80% coloreada.

Cuando se escoge una papaya, lo mejor es que no esté 100% madura, sino algo verde. Y se debe esperar a que esté totalmente madura. Esto ocurre en 2 o 3 días a temperatura ambiente en la primavera. Si el lugar en donde vive es muy frío, conviene cubrirlas con papel periódico.

Decida primero el tipo: roja o amarilla, que son las más comunes en el mercado. Sabrá si es de un color u otro levantando un trocito de su cáscara con la uña.

Una papaya que no se va a consumir sino hasta después de varios días debe tener una consistencia más bien dura; pero si es para consumirla el día que se compra tendrá que sentirse blanda sin que esté aguada.

En cualquier caso, siempre hay que fijarse que no tenga magulladuras, grietas o plagas.

La papaya madura normalmente se come fresca, se pela y corta en secciones, rodajas o cubitos.

Para evitar que una papaya abierta pierda su color hay que untarle jugo de limón sobre la superficie.

A todos les encantará ya sea rallada, en trozos o rebanadas, con yogur y miel, o con chile piquín y limón.

También se pueden preparar con ella aguas frescas y jugos, ensaladas y cocteles con granola o crema chantilly. O bien elaborar ricos postres.

Suele ser deliciosa con un poco de miel de abejas y un chorrito de jugo de limón.

También puede agregarse a las ensaladas, puede cocerse y puede servirse como verdura.

Hecha en salsa es maravillosa.

Conviértase en jalea o en encurtidos, para probar.

O, sencillamente, prepare un jugo o un licuado con esta fruta.

En la siguiente sección de este libro veremos recetas de los más diversos países que emplean a la papaya desde las entradas hasta los postres, pasando por los platos principales.

CAPÍTULO SÉPTIMO

Recetario de la papaya

BEBIDAS

Recordemos que la papaya, así como las peras, ciruelas, chabacanos, mandarinas, duraznos, higos frescos y uvas son FRUTAS DULCES.

Son dulces también los jugos de granada, melón, sandía, uva, fresa, frambuesa, moras, los cuales son incompatibles entre sí.

Combinan bien con cereales, féculas, lácteos, miel y castañas.

Combinan mal con frutas oleaginosas, hortalizas, mantequillas, aceites y legumbres.

Son tolerables con frutos ácidos.

Por lo tanto, no podemos crear bebidas que combinen mal, porque nos producirán gases o trastornos digestivos. Tampoco comer de postre un plato de papaya con higos frescos, o mezclar en una ensalada de frutas melón, sandía, papaya y uvas. Es una bomba y puede estallar dentro de nosotros.

En cambio, si desayunamos cereal, podemos combinar el desayuno con jugo o licuado de papaya, o sencillamente comer un plato de esta fruta rebanada, sin problemas.

A pesar de ser una fruta dulce, si agregamos a la papaya madura trozos de papaya verde o semillas, por sus enzimas digestivas nos permitirá combinaciones con CUALQUIER TIPO DE ALIMENTOS.

Esto es sorprendente, pero es uno de los prodigios de la papaya verde. Con todo va bien.

El jugo de papaya verde corrige irregularidades intestinales y úlceras, además, el jugo de papaya despierta las funciones del hígado y el páncreas, pues ayuda a estas glándulas a la digestión. Si se le toma con regularidad cada mañana, es un auxiliar para corregir desórdenes gástricos y hepáticos.

Los jugos más recomendables son: el de pepino, porque reduce la temperatura corporal y es muy efectivo en el tratamiento de padecimientos alérgicos. El jugo de cebollas crudas, que puede resultar poco atractivo para los niños si no lo endulzamos con miel. Y el jugo de papaya con el de membrillos frescos, al que añadiremos semillas de amapola. Estos tres jugos nos permiten reducir el estrés.

El jugo de apio, piña, perejil y papaya. O apio y toronja, con jugo de papaya son muy agradables al paladar.

El mejor digestivo

Ingredientes:
1 taza de papaya verde
2 naranjas para jugo
Miel de abejas al gusto

Preparación:
Lave perfectamente la papaya.
Obtenga el jugo de las naranjas.
Licúe.
Agregue la miel a su gusto. ¡Es mágico!

Papaya suprema

Ingredientes:
1 cucharada de azúcar en polvo
1 cucharada de jugo de lima
1 vasito de ron blanco
1 vasito de ron oscuro
1 vasito de jugo de piña
1 vasito de jugo de papaya

Preparación:
Mezcle todos los ingredientes. Agregue hielo. Sirva en vasos de vidrio altos y delgados. Guarnezca con una rodaja de naranja.

Coctel paraíso

Ingredientes:
Una taza de papaya en cubitos
Una taza de jugo de piña
Dos tazas de agua de coco

Preparación:
Licúe todo muy bien, y si es necesario, agregue miel de abejas para endulzar. Sírvalo bien frío en vasos altos.

Especial fuente de sodas

Ingredientes:
Un refresco carbonatado sabor lima limón
2 tazas de helado de vainilla
2 tazas de papaya machacada

Preparación:
Mezcle batiendo la papaya y el helado, hasta que se incorporen bien, y ponga en el congelador para que endurezca. Al servir, coloque una porción de helado en la copa y complete con refresco.

Licuado de papaya, plátano y ajonjolí

Ingredientes:
Una taza de leche de ajonjolí
Media de taza de jugo de papaya
Medio plátano

Preparación:
Para formar un batido muy agradable, evitamos tostar las semillas de ajonjolí. Así estas mantienen todas sus propiedades.

Puede consultarse mi libro El poder curativo de los jugos, donde el lector encontrará muchas más fórmulas vegetarianas para preparar leche vegetal, igual de nutritiva o más que la de origen animal.

Jugo tres mundos: *naranja, papaya y chabacano.*

Ingredientes:
1 naranja grande
1 rebanada de papaya
2 chabacanos

Preparación y uso:
El potasio y el magnesio de los chabacanos facilitan la acción de las enzimas de la papaya, dando como resultado un compuesto alcalino que facilita la digestión y previene la acidez estomacal. Es bueno beberlo luego de excesos en comida o bebida.

Puede cambiarse la papaya por dos plátanos, o incorporar a la mezcla anterior un trozo pequeño de papaya hawaiana muy dulce y madura, con algunas semillas y cáscara. Es conveniente que se incorpore un trozo de papaya verde.

ENTRADAS, ENSALADAS y SALSAS

Busque la fruta amarilla verde o amarilla pálido, con la seguridad de que madurará unos días a temperatura ambiente, hasta tomar un color amarillo naranja.

Una vez madura, puede guardarse en el refrigerador durante un día, de esta forma no perderá su sabor.

Pero no enfríe las papayas antes de que estén maduras o perderán toda su gracia.

Para un rápido y muy fácil *hors d'oeuvres,* corte cubos de papaya pelada y acompañe con rodajas delgadas de *prosciutto.*

Ensalada de papaya y piña
Ingredientes:
1 y ½ piña de tamaño mediano
4 cucharadas de miel de abejas
½ papaya de tamaño mediano
2 cucharadas de jugo de limón
Un plátano

Preparación:
Corte la papaya y la piña en cubitos, y el plátano en rodajas. Mezcle el jugo de limón y la miel, y vierta este líquido mientras revuelve perfectamente las frutas.

Salsa de papaya

Ingredientes:
4 cucharadas de semillas de papaya fresca
2 cucharadas de jugo de limón
Una taza de aceite de girasol
2 cucharadas de yogurt natural
2 cucharadas de miel

Preparación:
Licúe todo muy bien a alta velocidad. Cuele, si es necesario, y utilice para aderezar ensaladas y cocteles de frutas. Todo sobrante deberá refrigerarse.

Salsa de frutas tropicales y pimientos verdes con salsa de chile jalapeño

Puede prepararse en 45 minutos o menos.
Ingredientes:
1 pimiento verde rojo, limpio, sin piel ni semillas
1 pimiento verde amarillo, sin piel ni semillas
¾ de taza de trozos de papaya, igual
¾ de taza de trozos de piña, igual
½ cebolla roja, sin piel y picada
2 ½ cucharadas de jugo de lima fresca
2 cucharadas de salsa de chiles jalapeños o una cucharada de jalapeños al natural
2 cucharadas de aceite vegetal
1 cucharada de cilantro fresco picado

Preparación:

Combine todos los ingredientes en un cuenco grande.

Esta salsa puede prepararse un día antes, se tapa y refrigera.

Papaya escalfada

Si usted necesita levantar el sabor de una papaya ligeramente verde o poco madura, pues ninguna fragancia se desprende de ella, esta receta mejorará el sabor y la textura de esa papaya. Porque las papayas perfectas no necesitan ayuda.

Ingredientes:

$\frac{1}{4}$ de taza de azúcar

1 $\frac{1}{2}$ tazas de agua

1 cucharadita de jugo de lima

1 cucharadita de ralladura de piel de lima

1 papaya de un kilo

Preparación:

Haga cocer a fuego lento suavemente durante 10 minutos el azúcar, el jugo de lima y la ralladura, agregue el agua y espere a que dé un hervor.

Mientras usted prepara la papaya. Parta en dos la papaya y retire las semillas, éstas pueden eliminarse o aprovecharse en otra receta.

Corte la fruta en cuñas y quite la cáscara. Luego parta las cuñas en trozos.

Agréguelos al líquido y cueza a fuego bajo. Cocine suavemente por aproximadamente 5 minutos, revolviendo a menudo.

Enfríe y sirva como un postre de fruta mixto o como una ensalada.

Kebabs con crema de lima

Pruebe estos kebabs como aperitivos, como una ensalada (en una cama de verduras) o como un postre ligero. Estoy seguro que le encantarán.

Ingredientes:
1 taza de crema agria
3 cucharadas de jugo de lima fresco
2 cucharadas de azúcar
1 y ½ cucharaditas de ralladura de cáscara de lima
1 papaya madura, partida en dos, sin semillas y sin piel
½ piña madura, pelada y sin el corazón
3 plátanos grandes, pelados
8 brochetas de bambú

Preparación:
Combine la crema agria, el jugo, el azúcar y la ralladura en un cuenco pequeño. Tape y refrigere.

Corte la papaya en veinticuatro trozos. La piña, en veinticuatro pedazos. Cada plátano en ocho pedazos. Inserte la fruta alternada en las brochetas.

Coloque en una fuente y vierta la crema de lima por encima hasta cubrir los kebabs o brochetas.

Ensalada asiática de frutas con salsa de papaya verde y menta

Ingredientes:

½ piña grande, sin cáscara ni corazón, cortada en cubos de un centímetro, aproximadamente 2 tazas

1 papaya hawaiana en iguales condiciones que la piña, aproximadamente una taza

½ melón grande, igual, aproximadamente 2 tazas

1 lata de 300 gramos de *lychees* enteros en jarabe, partidos a lo largo

½ taza de uvas rojas sin semilla y partidas en dos

½ taza de uvas verdes, partidas en dos

Para la salsa de papaya:

¼ de taza de hojuelas de coco tostado

Un ramo de menta fresca

⅓ de papaya verde, sin cáscara y cocida; aproximadamente 1 y ½ tazas

5 cucharadas de azúcar

3 cucharadas de jugo de lima fresco

Preparación:

Mezcle los ingredientes primeros en un cuenco grande. Puede prepararse 4 horas antes de servirse para guardarlos en el refrigerador.

Para la salsa de papaya y menta, introduzca en la licuadora los ingredientes y mézclelos completamente.

Tape y refrigere hasta que esté listo para usarlo. Puede prepararse un día antes.

Coloque la fruta en seis cuencos pequeños o copas.
Rocíe la salsa encima de la fruta.
Rocíe con coco.
Guarnezca con menta. Rinde para seis porciones.
NOTA: También pruebe poner esta salsa encima de un yoghurt helado con sabor vainilla.

Ensalada de papaya y pollo

Ingredientes:

¼ de cabeza de lombarda o col morada
¼ de col o berza verde, finamente hechas tiras, ambas
½ manojo de cilantro, picado
4 chayotes o cebolletas, cortados finos
1 a 2 cucharadas pequeñas de salsa de chile habanero
El jugo de una naranja
Jugo de lima, medio vaso
2 cucharaditas de aceite de sésamo
¼ de kilo de pechugas de pollo sin huesos, sin piel y en corte juliana
1 papaya madura, rebanada, sin piel ni semillas

Preparación:

En un cuenco grande, combine la col, las berzas, el cilantro y los chayotes.

Agregue la salsa, los jugos de naranja y lima, y el aceite.

Mezcle completamente.
Agregue el pollo y revuelva.
Coloque en una fuente para servir o en platos individuales, no sin antes colocar rodajas de papaya por encima.

Otras ideas de pollo con papaya

Pruebe a hornear un pollo rellenándolo con papaya, manzana, ciruelas y frambuesas. O prepare esta receta

Ingredientes:
4 pechugas de pollo sin hueso
¼ de taza de aceite de oliva
3 cucharadas de vinagre de vino rojo
1 cucharadita de mostaza de Dijon
¼ cucharadita de salvia seca frotada en las pechugas
6 tazas de lechuga
1 papaya, pelada y sin semillas
1 mango pelado y sin hueso
200 gramos o un cesto de frambuesas
1 cucharada de menta fresca picada
½ taza de cacahuates tostados

Preparación:
Ponga el pollo a cocer en una cacerola. Sazone generosamente con sal y pimienta. Cueza hasta que se cocine por completo, aproximadamente 20 minutos. Refresque y corte el pollo en trozos del tamaño de un mordisco.

Prepare el aderezo con aceite, vinagre, mostaza y salvia.

Combine la lechuga, el pollo, la papaya, el mango, las frambuesas y la menta en un cuenco grande.

Agregue el aderezo y revuelva bien.

Divida en 4 platos. Rocíe con los cacahuates.

Quesadillas de brie, papaya y cebolla

Estas quesadillas pueden pasar como un elegante *hors d'oeuvres* u ofrecerse en una cena como un primer plato o servir de entremés.

Ingredientes:
1 cucharada de aceite de oliva
½ cebolla grande rebanada en tiras delgadas
2 a 3 cucharaditas de jalapeños sin semillas y picados
8 tortillas de harina
8 onzas de queso Brie
½ taza de cilantro fresco picado
½ papaya grande, rebanada en tiras delgadas
Crema agria al gusto
Salsa mexicana (optativo)

Preparación:
Caliente el aceite en una sartén encima de calor medio alto. Agregue la cebolla y el jalapeño y sofría hasta que la cebolla esté tierna, aproximadamente 4 minutos; refresque ligeramente, es decir, aparte del fuego.

Coloque dentro de 4 tortillas el Brie, el cilantro, la papaya y la mezcla de cebollas y chile, dividiendo por igual. Cubra cada uno con otra tortilla, apretando para adherir.

Cueza las quesadillas en un comal hasta que el queso se funda, aproximadamente 8 minutos. Deles vuelta en forma constante, para que no se quemen. Puede usarse horno caliente.

Transfiera las quesadillas a los platos y córtelas en cuñas.

Agregueles crema agria y si así lo desea, salsa mexicana.

Ensalada de papaya verde con camarones

La ensalada de la papaya verde en todas sus variaciones regionales, a menudo acompaña a la carne de cerdo, a las carnes de res o de pollo, es muy popular a lo largo del sudeste de Asia.

El plato se hace con papayas verdes que tienen carnes blancas, firmes y las semillas blancas.

La popularidad actual de la comida vietnamita y de la cocina tailandesa en los Estados Unidos y en Francia ha aumentado la disponibilidad de estas papayas, aunque todavía se limita generalmente a los mercados asiáticos. Pero en México es posible realizar este platillo con papayas verdes locales.

Busque fruta verde oscura y dura como una piedra sin un rastro de rosa o el rubor amarillo que la caracteriza al comenzar a madurar.

Si usted no ve alguna de estas en el mercado, pregunte a su vendedor, porque algunos tenderos no las muestran, precisamente porque están verdes.

Ingredientes:

150 gramos de camarones para coctel

1 ajo grande machacado en una prensa de ajo

3 cucharadas de jugo de lima o de limón fresco

1 y ½ cucharadas de salsa de pez, una salsa asiática preferentemente *nuoc mam*, que puede hallarse en las tiendas naturistas, japonesas o chinas

1 cucharada de azúcar

1 pimiento asiático rojo o verde, fresco, delgado y cortado en trozos pequeños o, en su lugar, un chile tipo serrano

Sal y pimienta al gusto

400 gramos de papaya verde, sin cáscara ni semillas, hecha tiras preferentemente en un procesador de comida (aproximadamente 3 tazas)

1 zanahoria cortada en tiras finas

$\frac{1}{3}$ de taza de cilantro fresco

2 cucharadas de cacahuates asados y machacados

Preparación:

En una cacerola pequeña hierva los camarones en agua salada y en ebullición por un minuto.

Desagüe con el colador y enjuague bajo chorro de agua fría para detener la cocción.

Parta los camarones horizontalmente.

Preparación de la salsa:

En un cuenco grande incorpore los ingredientes de la salsa hasta que el azúcar se disuelva.

Agregue los camarones y la papaya rallada, el pimiento, las zanahorias en tiras y el cilantro.

La ensalada puede prepararse 2 horas antes y enfriarse.

Pero sáquela del refrigerador media hora antes de servirla, pues debe presentarse a temperatura ambiente.

Rocíe los platos de ensalada con los cacahuates.

Ensalada tailandesa de camaroncitos y papaya

Ingredientes:
- 2 cucharaditas de *tamari*
- 3 cucharadas de lima
- 2 cucharadas de miel de abejas
- 1 cucharadas de jengibre fresco, rallado
- ½ cucharadita de salsa de chile habanero
- ¼ de camarones pequeños, cocidos y pelados
- 2 papayas maduras, cortadas en cubitos, sin piel ni semillas
- ½ pepino rebanado
- ¾ de taza de piñones
- 1 pimiento morrón verde, sin semillas y picado
- 3 chayotes, desmenuzados
- ¼ de taza de cilantro fresco, picado
- 1 manojo de espinacas

Preparación:

Combine el tamari, el jugo de lima, la miel, el jengibre y la salsa de chile, ponga en un frasco con tapa firme y ponga a enfriar mientras sigue haciendo la ensalada.

Una los ingredientes restantes, excepto la espinaca, en un cuenco grande.

Sacuda el frasco y rocíe encima de la mezcla.

Sirva en una cama de espinacas frescas.

Salsa de fruta picante

Puede prepararse en 45 minutos o menos.

Ingredientes:

- 1 mango, sin piel y cortado en dados
- 1 papaya, igual
- 1 taza de fresas, picadas
- 2 cucharadas de azúcar
- 1 chile serrano rojo o un jalapeño, sin semillas y picado fino
- 2 cucharadas desmenuzadas de hojas frescas de menta

Preparación:

Junte en un cuenco el mango, la papaya, las fresas, el azúcar y el chile.

Mezcle durante diez minutos y revuelva con la menta.

Sirva esta salsa con pollo asado o pescado a la parrilla.

Salsa de semillas de papaya

La cocina refinada debe ser, con suerte, fácil y barata.

Someteré a la consideración de los lectores a realizar la prueba, pues no les costará más que centavos. Y tal vez les agrade esta salsa picante, excelente en ensaladas de fruta e incluso para las ensaladas de verduras crudas.

Puede prepararse en 45 minutos o menos.

Ingredientes:

    1 taza de azúcar
    1 y ½ cucharadita de sal
    1 cucharada de mostaza seca estilo inglés
    1 taza de vinagre de estragón
    1 taza de aceite vegetal
    ¼ de taza de cebolla desmenuzada
    1 papaya, partida en dos, reservando 3 cucharadas de las semillas para la salsa y la fruta para otro uso

Preparación:

En una batidora mezcle azúcar, sal, mostaza y vinagre hasta que se incorporen bien.

Con el motor en funcionamiento agregue el aceite en un chorrito ligero y mezcle la preparación hasta que tome consistencia, como de mayonesa.

Agregue la cebolla y las tres cucharadas de semillas de papaya y mezcle la preparación hasta que las semillas tomen la consistencia de pimienta en polvo.

La preparación se guarda cubierta y se enfría, lo mejor es dejarla reposar durante 2 semanas.

Camarones en salsa de kiwi y papaya

Esta receta puede formar parte de un bufet o servir como primer plato.

Ingredientes:
¼ de camarones grandes, cocidos al vapor y pelados

Para la salsa:
4 kiwis maduros, pelados
1 papaya madura, pelada y sin semillas
½ taza de cebolla roja cortada
½ taza de pimiento morrón, verde y rojo, picados
2 cucharadas de cilantro
Un ramo de perejil italiano
¼ de taza de jugo de naranja

Preparación:
Combine los ingredientes de la salsa.
Puede prepararse por adelantado y enfriarse.
Cuando esté listo para servir, coloque los camarones calientes o fríos en platos pequeños y cubra a cada uno de estos, sirviendo una cucharada de la salsa.

PRIMER PLATO

Abra una papaya a lo largo para revelar su carne anaranjada. Corte profundo y ahueque al sacar las numerosas y diminutas semillas negras. Entonces agregue
unas gotas de limón fresco o jugo de la cal para desta-
car el sabor y usted tendrá un bonito bocado bajo en
calorías.

A pesar de su dulzura, una taza de papaya contiene tan sólo 55 calorías; también es una fuente excelente de vitaminas A, B y C y proporciona mucho
potasio, fibra y ácido fólico.

Las papayas crudas contienen una enzima que,
como la del kiwi, ablandará las carnes y las verduras.

La papaya se cocina bien, sobre todo cuando está
verde y mantiene su forma.

Cuando comemos papaya verde, debe pelarse y her-
virse hasta quitar el látex. Puede prepararse entonces
como una verdura.

Podemos preparar una papaya verde, como en las
recetas tradicionales que incluyen calabazas. Corte pedazos pequeños y gruesos para los kebabs con pollo.
Busque trozos del tamaño de una papa y colóquelos
alrededor de un asado como si fueran las usuales pata-
tas. Cocine y hágala puré.

Si usted no es vegetariano, debe saber que la papaya es deliciosa para acompañar carne, pescado o pollo
y maravillosa en ensaladas o salsas.

Verde papaya

Ingredientes:
Una papaya verde, que previamente se lavó, peló
   y cortó a lo largo
2 dientes de ajo
2 clavos de olor, machacados
1 cebolla, picada
1 jitomate rojo y rebanado
2 cucharadas de aceite vegetal
2 cucharadas de salsa de soya
¼ de taza con agua

Preparación:
Sofría el ajo, el clavo, la cebolla y el jitomate. Agregue la papaya y la salsa de la soya. Agregue el agua. Tape y cocine hasta que se cueza, aproximadamente 15 minutos.

Esta receta rinde cuatro porciones. Calorías por porción: 125.

Camarones con papaya y pimienta

Ingredientes:
3 cucharadas de aceite vegetal
1 ajo
1 clavo de olor desmenuzado
1 cucharada pequeña de jengibre fresco y picado
4 cebollas de cambray rebanadas incluso con sus
   rabos

½ taza de pimiento morrón verde y rojo, cortado en juliana

Jalapeños al gusto

½ kilo de camarones, crudos y sin piel

½ papaya verde, grande, pelada, sin semillas y cortada en cubos

1 vaso de jugo de lima

4 cucharadas de cilantro fresco finamente picado

Aceite de oliva

Una sartén no reactiva, utilice fuego a calor medio alto. Si tiene un *wok* es mucho mejor.

Preparación:

Sofría el ajo unos segundos hasta que esté fragante, revolviendo constantemente para que no se queme. Agregue las cebollas con todo y rabos y continúe revolviendo durante un minuto.

Agregue los pimientos, junto con los chiles jalapeños (también puede usarse chile serrano).

Cocine hasta que empiecen a ablandar, aproximadamente 2 minutos.

Baje el calor ligeramente y mueva las verduras a un lado del sartén.

Agregue los camarones, permita que se frían ligeramente hasta que adquieran color anaranjado y revuelva para cocinar uniformemente ambos lados.

Se cocina todo junto de 2 a 3 minutos.

Revuelva la papaya con los demás ingredientes. Y cocine simplemente, sin revolver demasiado para que la papaya no se rompa.

Agregue el jugo de lima, el clavo, el jengibre y mueva para combinar todos los ingredientes.

Acabe de cocinar los camarones. Y cuando los jugos de la cacerola hayan formado una salsa ligera, incorpore el cilantro.

Sirva con arroz cocido al vapor.

Esta receta rinde cuatro porciones. Calorías por porción: 245.

Teriyaki de cerdo asado en la parrilla con relish de papaya

Para el adobo:

$2/3$ de taza de salsa de soya
$1/3$ de taza azúcar morena
$1/3$ de taza de agua
$1/4$ de taza de vinagre de arroz (se consigue en tiendas japonesas, pero puede sustituirse, llegado el caso, con vinagre de manzana y gotas de limón)
3 clavos de olor
Un ajo cortado fino
Un trozo de jengibre fresco, de aproximadamente 5 cm cortado, pelado y picado fino

Para el asado:

Seis costillas cortas de cerdo, en corte de una pulgada de grueso. Lo recomendable es que sean deshuesadas por el carnicero, o asarlas con todo y hueso si así se desea.

Haga el adobo

En una cacerola mezcle los ingredientes y deles un hervor, revolviendo hasta que el azúcar se disuelva.

Ponga los cortes en una bolsa de plástico grande y rocíe el adobo encima de ellos.

Vacíe el aire de la bolsa y ponga un plato poco profundo.

Marine la carne toda la noche.

Ponga el adobo en una cacerola y vuelva a hervir por cinco minutos.

Los cortes se llevan a la parrilla, se colocan sobre el metal engrasado, puestos aproximadamente a 4 pulgadas por encima de los carbones resplandecientes.

Se asan de 7 a 8 minutos en cada lado.

Se pasan por el adobo durante cinco minutos más.

Relish de papaya

Esta receta fue creada para acompañar *Teriyaki* de carne de cerdo. Puede servir para acompañar otras carnes asadas.

Se prepara en 45 minutos o menos, pero requiere tiempo adicional para que tome un sabor delicioso.

Ingredientes:

2 tazas de piña fresca cortada en pequeños dados
1 taza de papaya fresca
½ taza de pimientos verdes y rojos finamente picados
½ taza de maui, vidalia u otra cebolla dulce
1 ajo desmenuzado
1 chile serrano o un pimiento tailandés, sin semilla y desmenuzado
2 cucharadas de hojas de menta fresca

Preparación:

En un cuenco una todos los ingredientes y agregue sal al gusto.

Puede dejarse a temperatura ambiente durante una hora.

Pero lo mejor es hacer el relish un día antes y dejarlo cubierto hasta el día siguiente. Ideal para acompañar todo tipo de carnes.

Pastel de queso con chile verde y salsa de papaya

Para la corteza:

½ barra o ¼ de taza de margarina sin sal
1 taza de harina de maíz azul
¼ de taza de agua hervida y caliente

Para el relleno:

8 chiles poblanos verdes y frescos

1 y ½ tazas de crema agria

2 huevos grandes

1 queso crema de medio kilo, blando

2 cucharadas de manteca sin sal

1 taza de queso Monterey Jack o similar (aproximadamente 4 onzas)

1 y ½ tazas de queso tipo Cheddar (aproximadamente 6 onzas)

1 cucharada de hojas de eneldo frescas y finamente picadas

¼ taza de cilantro fresco picado

Para la salsa:

½ papaya

1 diente de ajo

½ taza de cebolla roja finamente picada

½ pimiento morrón rojo

1 cucharada de cilantro fresco y picado

2 cucharadas de vinagre de arroz

Preparación:

Precaliente el horno a 325°C.

Haga la corteza:

Derrita la mantequilla y en un cuenco únala con la harina de maíz y el agua.

Apriete y extienda la mezcla en el fondo de un refractario de vidrio, previamente enharinado.

Relleno:

Ase los chiles, quite la cáscara, las semillas y las venas.

Corte finamente los chiles.

En un procesador de comida mezcle la crema agria y los huevos. Agregue el queso crema y la manteca y mezcle hasta que esté uniforme.

Transfiera la mezcla a un cuenco y revuelva con los chiles, los quesos, el eneldo, el cilantro y sal al gusto.

Llene por encima a la corteza y cueza en el horno por 45 minutos o hasta que el centro esté cocido.

Desmolde el pastel de queso.

Haga la salsa:

Una en un cuenco la papaya, el ajo, la cebolla, el pimiento verde o rojo, el cilantro y el vinagre. Sazone con sal y pimienta al gusto.

Y sirva con salsa.

Carne con chutney de papaya

Para esta receta se usan envolturas de wonton, en lugar de la masa de pan dulce tradicional.

En el barrio chino de San Francisco, el restaurante Betelnut Pejiu Wu los sirve con un chutney tropical.

Ingredientes para el chutney:

    2 mangos grandes y maduros, pelados, sin hueso y cortados en trocitos

    1 papaya grande, igual

1 taza de cebolla finamente cortada

¼ taza de vinagre blanco

¼ de taza de azúcar

1 y ½ cucharaditas de polvo chino cinco-especias

⅛ de cucharadita de pimienta de cayena

2 cucharadas de pasas de Corinto secas

Para las samosas o pan relleno:

2 cucharadas de aceite vegetal

1 y ⅓ de taza de cebolla finamente cortada

½ kilo de carne de res picada en forma muy delgada

2 cucharadas de curry en polvo

1 cucharadita de harina del propósito

36 envolturas de wonton (puede pedirlas en su restaurante chino)

1 huevo grande para mezclar

Aceite vegetal para freír

Preparación del chutney:

Combine todos los ingredientes, excepto las pasas de Corinto, en una cacerola.

Haga cocer a fuego lento hasta que la cebolla esté tierna y la mezcla espese ligeramente, revolviendo de vez en cuando, aproximadamente durante 10 minutos.

Revuelva en pasas de Corinto.

Enfríe y guarde en el refrigerador.

Puede hacerse con 3 días de anticipación, pero debe guardarse en frío.

Preparación de las samosas:

Caliente 2 cucharadas de grasa o aceite en una sartén grande encima de calor medio alto.

Agregue cebolla y sofría hasta que quede traslúcida, aproximadamente 5 minutos. Agregue la carne y sofría hasta que adquiera color castaño, evite que se formen grumos de carne, mueva con la cuchara, durante 5 minutos.

Agregue el polvo de curry y la harina y sofría 2 minutos más.

Vuelque la mezcla de carne al colador y desagüe el aceite.

Espere a que el guisado esté frío o al menos fresco.

Ligeramente enharine una charola de horno. Coloque 12 envolturas de wonton en la superficie de trabajo.

Coloque una cuchara escasa de relleno dentro de cada uno.

Con el cepillo cubra los bordes con huevo.

Pliegue diagonalmente por la mitad cada envoltura, formando triángulos.

Prense para sellar juntos. Proceda con las envolturas restantes. Puede prepararse 8 horas antes de la comida. Se tapan y se conservan en frío.

Para terminar de preparar las samosas:

Agregue bastante aceite a la cacerola hasta que alcance una profundidad de 10 centímetros. Caliente a 350°C.

Se trabajan por lotes, hasta que la fritura de las samosas toman el color castaño dorado, aproximadamente 2 minutos por cada lado.

Se usan tenazas y se pasan las samosas a un bol cubierto con toallas de papel que absorban el aceite.

Sirva las samosas con el chutney. Rinde 36 porciones, pero considere que quizá no rinda ni siquiera para 6 personas si es el alimento principal: ¡lo devorarán!

Lomo de cerdo asado con frutas tropicales

En el Hotel Princeville de la isla Kauai en el archipiélago de Hawai, usan esta mezcla de frutas frescas para rellenar la carne de cerdo.

Prepárelo con un día de anticipación.

Ingredientes:
   4 tazas de Sherry seco
   1 rama de canela
   2 cucharadas de jugo de limón fresco
   1 y ½ cucharaditas de ralladura de cáscara del limón
   ½ taza de ciruelas deshuesadas
   ½ taza de albaricoques secos (chabacanos o duraznos orejones)
   12 granos de pimienta negra, enteros
   6 clavos de olor enteros
   1 y ½ kilo de lomo de cerdo sin hueso, y arreglado para hornear

1 cebolla finamente cortada

$\frac{1}{3}$ de taza de mango deshuesado, pelado y cortado

$\frac{1}{3}$ taza de papaya pelada y cortada, sin semillas

1 cucharada de azúcar morena

1 cucharada de aceite vegetal

Preparación:

Combine 2 tazas de Sherry con la canela, el jugo del limón y la peladura del mismo en una cacerola y ponga a cocer encima de calor medio alto, durante 2 minutos. Agregue las ciruelas y albaricoques. Haga cocer a fuego lento hasta que las frutas estén tiernas y la mezcla espese ligeramente, aproximadamente 20 minutos.

Combine 2 tazas de Sherry, los granos de pimienta y los clavos de olor en cacerola pequeña encima de calor bajo. Haga cocer a fuego lento durante 2 minutos. Retire del calor y deje este al fresco.

Con un cuchillo afilado haga cortes al centro de la carne de cerdo.

Introduzca en los cortes cebolla. Coloque la carne en un refractario de vidrio y rocíe con la cebolla restante.

Vierta el adobo encima. Cubra por separado la carne de cerdo y la fruta y déjelos en reposo, refrigere durante toda la noche.

Precaliente el horno a 375°C. Retire todo el líquido de la mezcla de fruta; no lo tire, manténgalo de reserva, deseche la rama de canela.

Revuelva el mango, la papaya y el azúcar.

Retire la carne de cerdo del adobo. Ábrala en forma de libro, sazone por dentro con sal y pimienta.

Coloque $^2/_3$ de la mezcla de frutas al centro de la carne; reserve la mezcla de fruta restante.

Pliegue la carne, y átela. Siga rellenando. Sazone con sal y pimienta.

Báñela con aceite y métala al horno. Cocine hasta que adquiera un color castaño, aproximadamente 5 minutos por lado.

Transfiera a la cacerola para asado.

Ase hasta que el termómetro insertado en el centro de la carne de cerdo registre los 320°C., aproximadamente durante 1 hora 15 minutos.

Ponga la carne en una fuente; reserve los jugos de la cacerola.

Lamine en rodajas y quite los hilos. Deje enfriar por 20 minutos.

La mezcla que reservó, los líquidos de la fruta, la fruta restante y los jugos de la cacerola se cocinan en una cacerola pequeña para cocerse a fuego lento.

Las rebanadas de carne de cerdo se sirven con la salsa de frutas.

Chutney de papaya y mango.

Este es un condimento o platillo para acompañar.

Ingredientes:

2 mangos, sin piel ni hueso, cortados en trocitos
2 papayas medianas sin piel ni semillas, igual
1 cucharada de vinagre de manzana
1 cucharada de azúcar morena

½ cucharada de pasas
2 cucharaditas de jengibre fresco y picado
1 cucharadita de ajo finamente picado
1 cucharadita de chiles serranos rojos
1 cucharadita de pimienta inglesa molida fina
1 cucharadita de sal

Preparación:

Ponga en una olla grande a cocción todas las frutas. En cuanto suelten algo de líquido, agregue el vinagre, y espere a que rompa a hervir, por lo que pondrá la preparación a calor alto.

En cuanto hierva, reduzca el calor y haga cocer a fuego lento durante 10 minutos, revolviendo de vez en cuando.

Revuelva los ingredientes restantes, y hágalos cocerse a fuego bajo por aproximadamente una hora, hasta que el mango se disuelva, revolviendo de vez en cuando.

Transfiera el chutney a un bol, tape y refrigere.

Guárdelo por lo menos durante 2 o 3 días antes de usarlo.

Para un almacenamiento más largo, se emplean frascos esterilizados calientes con tapas herméticas, se logra el vacío al baño maría y se guardan en un lugar oscuro y fresco.

Pruebe este chutney con todo tipo de carnes y pescados.

Filete de pescado encostrado con nueces de macadamia, cubierto por una salsa de mango y papaya.

Ingredientes:

2 pimientos morrones rojos, grandes, sin piel ni semillas, cortados en trozos pequeños

1 mango, igual

1 papaya, igual

1 taza de cilantro fresco finamente picado

½ cebolla morada o roja pequeña, finamente picada

2 cucharadas de jugo de lima fresco

5 cucharada de aceite de oliva

1 cucharada de vinagre de arroz

1 cucharadita de ajo finamente picado

¼ de cucharadita de pimienta de cayena

½ taza de harina

2 huevos grandes

3 tazas de nueces de macadamia

6 filetes de merluza u otro pescado que usted elija

Preparación:

Combine el pimiento, la papaya, el mango, el cilantro, la cebolla, el jugo de lima, el vinagre, el ajo y una cucharada de aceite de oliva en un cuenco grande y revuelva para mezclar. Sazone con sal y pimienta.

Precaliente el horno a 350°C.

Cierna la harina en un cuenco poco profundo.

Lleve los huevos al batidor.

En un procesador de alimentos pique finamente las nueces.

Enharine los filetes.

Deles una zambullida en el huevo y entonces páselos por las nueces de macadamia, cubriendo completamente.

Caliente aceite en dos sartenes grandes encima de calor alto.

Ponga 3 filetes en cada sartén y cocine hasta que la carne adquiera un tono castaño dorado, aproximadamente 2 minutos por lado.

Ponga los filetes sobre una hoja grande de papel absorbente.

Ponga los filetes en una fuente de horno y cúbralos con la salsa. Hornee, aproximadamente 7 minutos.

Divida la salsa en 6 platos. Cubra con ella los filetes y saque para servir.

POSTRES

Dulce de papaya

Una idea agradable de comer papayas es el siguiente postre:
Ingredientes:
Jugo de papaya
Jugo de 2 naranjas
50 g de cacahuates
1 cucharada de miel de abejas

Preparación:
Tras obtener el jugo de la papaya, se mezcla con el de las naranjas, los cacahuates secos (sin sal y apenas tostados) y la miel.

Puré dulce de papaya

Ingredientes:
1 papaya sin piel ni semillas, machacada
1 lata de leche evaporada
1 lata de leche condensada
Galletas marías
3 cucharadas de pasas
3 cucharadas de nuez

Preparación:

Una vez que la papaya esté echa puré, se le agregan las dos latas de leche.

Se pone a cocer a fuego medio y se mueve hasta que espese, de 15 a 20 minutos.

Se colocan las galletas en el fondo de una charola y se expande el dulce de papaya por encima.

Se deja enfriar.

Se le adorna con más galletas, pasas y nueces.

Refrigerar.

Panquecitos de papaya

Ingredientes:

2 tazas de leche
Una taza de papaya machacada
1 y ½ tazas de harina integral de trigo
½ cucharadita de sal
4 cucharaditas de polvos de hornear
3 cucharadas de miel de abejas
4 cucharadas de aceite vegetal
1 taza de germen de trigo
1 huevo

Preparación:

Mezcle la leche, el huevo (previamente batido), el aceite y la papaya.

Mezcle aparte la harina, la sal, el germen de trigo, la miel y el polvo de hornear.

Junte ambas mezclas y amase muy bien.

Engrase moldes para panqué, llénelos con la masa y hornéelos a 180º C durante 20 minutos.

Papaya split

Ingredientes:
3 rebanadas grandes de papaya
3 tazas de uvas sin semilla
1 y ½ taza de nuez finamente picada
2 tazas de manzana cortada en cubitos
Una taza de fresas frescas
Una taza de yoghurt simple o natural
Miel y extracto de vainilla al gusto

Preparación:
Se colocan en un platón las rebanadas de papaya una junto a la otra. A su alrededor se colocan, mezclados, los cubitos de manzana y las uvas. Aparte, se licúan las fresas, el yoghurt, la miel y la vainilla. Se vierte esta salsa encima de las frutas, se espolvorea todo con la nuez picada y se refrigera antes de servirse.

Papaya horneada

Ingredientes:
1 papaya mediana
2 cucharadas de azúcar
¼ taza de jugo de limón o de naranja
¼ cucharadita de canela

Preparación:

Corte la papaya en tajadas a lo largo. Agregue un poco de azúcar y jugo de naranja o limón.

En lugar del jugo de frutas, también puede ponerse agua de canela.

Se hornea por veinte minutos y se sirve inmediatamente después de sacarse del horno.

Papaya sancochada

Ingredientes:

2 tazas de papaya cortada en cubitos
½ taza de azúcar
½ taza de agua
Jugo de dos limones

Preparación:

Se corta la papaya en cubitos. Se cocina con el azúcar, el agua y el jugo de limón por media hora. En lugar de limones puede usar unas cuatro naranjas pequeñas.

Pastel de papaya.

Ingredientes:

2 huevos
1 taza de pulpa de papaya
1 taza de azúcar

Jugo de ½ limón
½ taza de mantequilla
Una cáscara de pastel

Preparación:
Haga la cáscara de pastel y póngala al horno.

Mezcle el azúcar y la mantequilla hasta que esté cremosa. Agregue las yemas batidas, el jugo de limón y la papaya. Vierta en la cáscara y ponga al horno.

Haga merengue con las claras de los huevos y 2 cucharadas de azúcar. Ponga sobre el pastel y después al horno para que dore.

Papín costarricense de frutas

Ingredientes:
1 taza colmada de maíz
2 litros de leche
½ kilo de azúcar
2 mangos grandes maduros
3 naranjas medianas
1 tajada de papaya (de media pulgada de ancho)
2 tajadas de piña medianas

Preparación:
Se sancocha el maíz en agua sin ceniza. Se muele y se cuela, se le pone leche.

Se pone al fuego con el azúcar hasta que espese bien. Se vacía en un molde y se deja enfriar.

Las frutas se pican bien finito y se revuelven con un poquito de azúcar y con ellas se adorna por encima el papín.

Papaya en jarabe de canela

Ingredientes:
2 tazas de azúcar
Una raja de canela
1 kilo de papaya de carnes firmes o verde, a la que se quitan las semillas, la piel y se corta a lo largo en tiras

Preparación:
En una cacerola se prepara un jarabe espeso. Se mete la papaya en éste y cuando esté cocida y blanda, se deja enfriar.

Tarta de papaya y coco

Si tiene una base de queso crema, este rico postre se simplifica todavía más.

Ingredientes:
Una corteza de pastel.
Una cucharada de harina.
Un paquete de queso crema regular o ligero, a temperatura ambiente
6 cucharadas de crema de coco
3 cucharadas de azúcar

1 taza de coco dulce hecho tiras y ligeramente
    tostado
¼ taza de jengibre cristalizado y picado
1 y ½ a 2 papayas grandes, peladas y en rebana-
    das delgadas
¼ taza de jugo de piña
¼ taza de jugo de durazno
Confituras de frutas para adornar

Preparación:

*Precaliente el horno a 450°C. Prepare la corteza.
Cueza hasta el castaño dorado, aproximadamente 12
minutos.*

*Con un mezclador eléctrico, bata el queso crema.
Mezcle con la crema de coco y el azúcar, y siga batiendo.*

*Cuando espese, agregue ¾ de taza del coco en tiras
y el jengibre.*

*Rellene la corteza con esta mezcla. Coloque la pa-
paya atractivamente encima, hasta llenar. Cueza a baño
maría sobre calor bajo. Rocíe el resto del coco alrededor del borde de tarta y en el centro. Refrigere hasta
que esté firme, por lo menos una hora.*

Peras con papaya

Ingredientes:
2 tazas de agua
1 taza de vino blanco seco
¾ de taza de azúcar

2 cucharadas de jugo del limón fresco.
2 cucharaditas de anís.
Una raja de canela.
Un trozo de jengibre fresco, rebanado.
4 peras.
Una papaya, pelada y sin semillas.
Un mango, igual.

Preparación:

Se hierven los 7 ingredientes primeros, sin la fruta, en una cacerola grande, revolviendo hasta que el azúcar se disuelva. Se tapa y se hace cocer a fuego lento 5 minutos.

Se pelan las peras y se les quita el centro y se agregan al jarabe.

Se hace cocer a fuego lento hasta que las peras estén tiernas, aproximadamente 40 minutos.

Usando un cucharón se sacan las peras.

Se aumenta el calor hasta que hierva el líquido y se reduzca hasta ¾ de taza, aproximadamente 25 minutos.

Se vierte el jarabe encima de las peras y se enfría.

Se coloca una pera en el centro de cada plato.

Se ponen cortes de papaya y mango alrededor de la pera, lo mejor es que se cucharee la fruta.

Se le pone el jarabe encima y se sirve.

Coronas de fruta para fiestas tropicales

Vamos a preparar unas galletas magníficas.

Ingredientes para la masa:
1 y ¾ de tazas de harina
1 y ¼ escaso de cucharadita de sal
1 taza de margarina sin sal, blanda o líquida
¾ de taza de azúcar de confiteros, la empleada
    para hacer caramelo
1 cucharada de jugo de mandarinas frescas
1 cucharada de cáscara de naranja finamente
    picada
½ cucharadita de extracto de vainilla
Papel para cocer en el horno

Ingredientes para cubrir:
3 cucharadas de jengibre cristalizado (pueden
    usarse frutos mexicanos, pero es opcional)
3 cucharadas de piña confitada
3 cucharadas de albaricoques secos
3 cucharadas de papaya confitada
2 cucharadas de plátanos secos y confitados en
    astillas, (chopped banana chips)
½ taza de tiras de coco
½ taza de almendras sin piel
2 cucharadas de azúcar granulada
1 huevo grande blanco
1 cucharada de jugo de limón o de lima
1 cucharada de ralladura de cáscara de limón

Preparación de la masa:

En un cuenco una la harina y sal, pásela por cernidor.

En otro cuenco con un mezclador eléctrico a media velocidad revuelva la margarina hasta que esté lista para trabajarse.

Gradualmente agregue el azúcar a la mantequilla, revuelva a velocidad baja para impedir que el azúcar vuele fuera del cuenco. Y raspe de vez en cuando abajo del cuenco con una espátula de goma.

Agregue la mandarina, la naranja y la vainilla.

Gradualmente una en la mezcla la harina hasta que combine bien.

Divida la masa en tres.

Expanda cada tercio sobre las hojas de papel de cera en un radio de 25 centímetros y un centímetro de espesor.

Coloque otra hoja de papel de cera por encima de cada una de las costras.

Guárdelas en el refrigerador por lo menos 2 horas, hasta que estén firmes y un máximo de tiempo hasta 3 días.

Precaliente el horno a 300°C.

Preparación del confite:

En un cuenco junte los ingredientes, todos ellos finamente picados.

Quite la hoja de papel de cera de encima y coloque una ronda.

Ponga encima de la primera ronda una cubierta de masa y quite y deseche la hoja de papel de cera.

Trabajando rápidamente, corte.

Si la masa se pone demasiado suave para trabajar con ella, congélela o enfríela en papel de cera hasta que endurezca.

Vuelva a enrollar y haga más galletas de la misma manera.

Cueza las galletas en lotes.

A una temperatura baja hasta que los bordes estén dorados pero los centros todavía pálidos, entre 15 y 18 minutos.

Deben refrescar completamente.

Luego las galletas se guardan, entre las hojas de papel de cera en recipientes herméticos a temperatura ambiente y se comen dentro de una semana.

Rinde aproximadamente 90 galletas.

Postre prehispánico de papaya

Los antiguos indígenas prehispánicos preparaban así un delicioso dulce de papaya.

Ingredientes:
1 papaya grande
1 cucharadita de tequesquite
1 frasco de miel de maguey o de maíz
1 xoconostle

Preparación:
Se pela una papaya de dos kilogramos de peso, quitándole las semillas y cortándola en trozos. Si la papaya está verde, mejor.

Se disuelve un poco de tequesquite en agua, y se remojan allí los trozos de papaya durante medio día.

Luego se lavan varias veces los trozos, para quitarles la cal y se les da un ligero hervor; se retira de la lumbre y se deja enfriar.

Aparte se prepara el almíbar con jarro y medio de miel de maguey o de maíz, con una rama de xoconostle, dejando hervir durante 15 minutos.

Se ponen en el almíbar los trozos de papaya, y se deja hervir durante media hora, hasta el punto que se desee.

El poder curativo de la papaya
Tipografía: *Paideia*
Negativos: *Formación Gráfica S.A.*
Esta edición se imprimió en agosto de 1998,
en *Diseño Editorial*, Bismark 18, México,
03510, D.F.